우포늪에 깃든 마음자리

느림의 뒤뜰 003

초판1쇄 발행 2025년 11월 20일
지은이 김용선
펴낸이 이희숙
펴낸곳 **느림**
등록번호 2014년 1월 24일 제2014-000001호
주소   경기도 군포시 번영로587 번안길 88 202호
전화   031-395-5465
팩스   031 - 8057 - 6295
이메일 pleden@naver.com
홈페이지 http://blog.naver.com/pleden

ISBN 979-11-978544-5-3
정가 16,000원

김용선 에세이

우포늪에 깃든 마음자리

느림

작가의 말

삶의 따뜻한 온도를 느끼며

인생은 한번뿐이지만, 그 안에는 수많은 계절이 스쳐 갑니다. 수많은 계절이 아니라 어쩌면 내 안의 수많은 생각들이 흘러간다는 것이 맞을지도 모르겠습니다. 그런 순간에 내 안에 웅크리고 있던 울림의 목소리가 들리면 바쁘게 움직이던 잰걸음을 잠시 멈춥니다. 그리고 물음표를 던져 봅니다. 지금 내가 가고 있는 이 길이 맞는지? 아니면 다른 길을 가야 하는지를요. 그렇다고 다시 돌아가고 싶지는 않습니다. 만족이라기보다는 산다는 것은 생각만큼 쉽지 않다는 것을 깨달았기 때문입니다.

어느덧 내 나이도 계절에 비유한다면 가을인 것 같습니다. 한창 무르익어 결실을 거두어야 할 시기라 여겨집니다. 햇살에 웃고, 바람에 흔들리며, 때로는 비에 젖어 마음을 다독이던 그 모든 기억 속 조각들을 하나 둘 모아 소소한 나의 지난 시간을 여행해 봅니다.

후회와 그리움, 감사와 깨달음이 뒤섞인 작은 이야기들, 그 속에서 나는 비로소 삶의 따뜻한 온도를 느꼈습니다. 거창하지는 않지만 오래도록 울림이 있는 삶의 여정이었습니다.

이 수필집은 그 길 위에서 마주한 생각들로 엮었습니다. 누군가의 인생에도 이 글과 비슷한 결이 있을 것이기에 잠시 걸음을 멈추고 자신의 마음을 들여다보는 시간이 되길 바라며, 작은 위로와 쉼을 전합니다.

2025년 가을
김용선

목차

작가의 말 · 4

1부 세상을 여는 그 기운으로

엄마의 진짜 봄날 - 우포늪의 봄   15
그 자췻집   20
나에게 주는 선물   26
마곡의 그녀   34
나는 그냥, 김밥이 좋다   40
아들을 품에 안고   46
만년교   52

2부 마음 가득 여백을 위해서

사소와 경이의 순간 - 우포늪의 여름   59
담장 밑 봉숭아   64
산딸기가 익어가는 시간   70
시어머니는 미용사 76
사라진 네잎클로버 한 잎   82
여백의 가치   88
용선대   92

3부   아픈 기억의 뒤란을 나와

차가운 기억의 골짜기 - 우포늪의 겨울　98

병들지 않는 외로움　　　103

소나무를 그리다　108

안개가 자욱한 날에　　114

시간이 돈　　120

행복의 의미　　126

함박산　131

4부   그대로 빛나는 경이 속에서

고요한 빛의 위엄 - 우포늪의 가을　138

추억 소환　　143

부드러움이 강함을 이긴다　149

파도가 친다　　156

흘러가는 대로　　161

나의 해방 일지　　166

1부

세상을 여는 그 기운으로

지금은 바쁘다는 핑계로 색소폰을 몰래 독학하던 열정도 접었지만, 아무도 모르는 나의 최초이자 어쩌면 마지막이 되어버린 색소폰 연주곡이 내 휴대전화 녹음 파일에 몰래 숨어있다. 좀 더 시간이 지나 나도 조지 도슨 할아버지처럼 인생이란 숱한 고난의 여정이었지만 그래도 인생은 아름답다는 말을 되새기며 음악으로 나를 치유하는 날이 또 오지 않을까? 그러면 악기 하나 배우고 싶어 가슴속에 묻어 둔 어린 나에게 주는 소중한 선물이 되지 싶다.

-「나에게 주는 선물」 중에서

엄마의 진짜 봄날 – 우포늪의 봄

언제부터인가 친정 가는 길이 분주하다. 혼자 계신 엄마에게 필요한 것과 밑반찬을 챙겨서다. 지난해까지만 해도 마냥 편안하게 엄마가 해주시는 밥 먹고 쉬다가 내가 좋아하는 것들을 싸주면 당연한 듯 집으로 왔는데, 이제는 그런 당연한 것이 당연하지 않은 시간이 되었다. 엄마의 시간이 멈춰간다는 것을 받아들여야 함을 아직은 욕심이라 여기고 싶지 않지만, 이런 시간도 얼마나 남았을까? 현실을 받아들여야 한다는 것, 그 무력감이 슬프다.

가지가지 물건들을 챙겨 친정으로 향했다. 몇 달 전에 무릎 수술을 해서 다리가 불편한 엄마 걱정이 앞서기도 하고, 마침 휴일이라 잠깐이지만 엄마를 보살펴 드리고 오고 싶었다.

친정집에 도착해서는 자리에 앉을 틈도 없이 집 안 청소며 이곳저곳을 정리한 후 점심 드시기 전인 엄마를 모시고 합천 읍내로 갔다. 평소 엄마가 좋아했던 칼국수를 사드리고, 짧지만 엄마와의 시간을 함께한 것에 안도하며 나의 일상을 위해 돌아섰다.

평소대로라면 합천에서 창녕 유어면 소재지 쪽으로 차를 운전했을 것이다. 그런데 오늘은 왠지 가던 길이 아닌 다른 길로 접어들었다. 그곳은 우포늪 가는 길이었다. 그 길을 지나갈 때면 꼭 한번은 우포늪 가는 길로 가봐야지 했었는데, 오늘이 그런 날이었다.

연로하신 엄마의 모습을 뵙고 오는 길이어서 그런지 마음이 복잡하고, 그 사이로 갑자기 우포늪을 둘러보고 싶은 마음이 들어 평소에 가던 길이 아닌 옆길로 차를 몰았다. 그래도 차의 최종 목적지는 우리 집으로 설정되어 있었다.

한번은 들어서 보고 싶은 길이었다. 그런데 들어서는 순간

익숙하지 않은 길이어서일까? 왠지 모를 두려움으로 묘한 기분이 들었다.

우포늪 가는 길이라는 푯말을 보고 차를 운전하다 보니, 얼마 가지 않아 늪이 있었다. 차로를 따라 오른쪽으로 펼쳐져 있는 봄날의 늪은 신비했다. 초록의 농도에 따라 층층이 펼쳐지는 풍경은 아무도 모를 요새에 홀로 떨어져 길을 헤매고 있는 듯한 착각이 들 정도였다. 잠깐이지만 빠져나갈 수 있을까? 하는 생각이 드는 순간도 있었다. 한참을 차의 내비게이션이 안내하는 곳으로 가다가 잠깐 길을 잘못 들었는지 다른 길로 접어들고 말았다. 익숙하지 않은 곳에서 길을 잃은 기분이었다. 갑자기 비포장도로가 나타나 차를 돌려야 하나 싶은 생각이 들 즈음 저 멀리 차 한 대가 주차된 것이 보였다. 안심되었다. 나도 그 차 옆에 주차하고 늪을 구경하기 위해 발걸음을 옮겼다. 저 멀리 반대편 쪽에 남녀 한 쌍이 늪을 둘러보며 사진을 찍고 있는 모습이 보였다. 조금 걷다 보니 그리 멀지 않은 곳에 안내판이 있었다. 내가 서 있는 곳은 바로 소 벌이었다. 말로만 듣고 가보지 못했었는데 얼떨결에 찾아낸 아름다운 장소에 나는 감탄했다.

내 삶에도 이정표를 둔다. 하지만 살다 보니 이정표대로 살아지는 것도 아니었고, 항상 변수가 따랐다. 이 길로 가면 좋으리라 생각했는데 길을 헤매었고, 어떤 때는 불안해하며 갔던 곳에서 나의 새로운 삶이 기다리고 있었으니까. 그러고 보면 어느 것도 좋고 나쁜 것은 없지 싶다. 다만 내 마음이 이끄는 대로 살아가면 되는 것 같다. 오늘도 우포늪 가는 길에 잘못 든 길이라 생각하고 차를 바로 돌렸더라면 만나지 못했을 소벌을 만날 수 있었던 것은 그냥 들어선 그 순간을 순순히 받아들였기 때문이었으리라.

오랜 세월이 흘렀다는 것이 더 강하게 느껴지는 늪의 모습과 반대로 이제는 시들어 가는 엄마의 모습이 자꾸만 떠올라 마음 한편이 아렸다. 엄마의 봄날도 이렇게 깊고 푸르른 날이었겠지? 엄마 삶에 있어서 처음인, 엄마의 삶은 이렇게 소 벌에서 내가 느끼는 경이로움은 아니었을 테지? 벗어나려 애써도 자꾸만 늪으로 빠져드는 그런 힘든 여정이었으려나? 엄마는 나를 볼 때마다 내가 이렇게 잘 살아서 원이 없다고 하시지만, 앞으로 얼마의 시간이 허락될지는 모르겠다. 늙고 불편한 몸이지만 엄마의 봄날을 함께 하고 싶다.

처음 가보는 엄마라는 길은 쉽지만은 않은 것 같다. 들어서는 순간 절대 빠져나올 수 없는 길이지만 그 늪에서도 나쁜 기억보다는 좋은 기억이 더 많기에 이렇게 나도 현재를 살아가는 것처럼 친정엄마의 삶도 그렇게 나쁘지는 않았나 보다. 자식들 잘 안착하고 사는 모습에 너무 감사하다는 말을 매번 하시는 것을 보면 말이다. 그래 엄마의 봄날은 어쩌면 지금인지도 모르겠다. 자식들 걱정 안 해도 되니 말이다. 몸은 시들어 가지만, 우포늪의 봄날을 강렬하게 느끼는 만큼 엄마의 봄은 지금이지 않나 싶다.

소 벌을 뒤로하고 집으로 향하는 길목에서 만난 가시 연, 아직은 어린 연잎이 빼곡하게 늪을 수놓고 있었다. 계절이 바뀌면 예쁜 가시연꽃으로 늪을 물들여 놓겠지.

늪에서도 아름다운 연꽃을 피울 수 있는 가시연꽃처럼, 친정엄마의 삶의 봄날이 저물어간다고 안타깝게 여기기보다는 그저 어느 그물에도 걸리지 않는 바람처럼 개의치 않을 것이다. 오늘은 누구도 마음의 늪에서 허우적거리지 말고, 우포늪의 봄처럼 경이로운 늪의 기운을 안고 봄날을 즐기길 바라며 최종 목적지인 집으로 향했다.

그 자췻집

여유란 어디서 오는 것일까? 주말이면 늦은 시간까지 늘어져 자고 싶은 마음이 간절하지만, 무거운 몸을 일으켜 세워 빗속이라는 것도 아랑곳하지 않고 커피 한 잔을 타서 밖으로 나간다. 테라스에 앉아 시선을 멀리 앞으로 고정하고 가만히 있으면 뭐라 형용할 수 없는 편안함이 느껴진다. 그리고 누군가의 시선이 부담스러웠던 시간이 지나고 이제는 오롯이 나만 생각할 수 있는 공간과 시간 속에서 여유를 즐긴다.

중학교를 졸업하고 고등학교 진학을 진주로 가게 되면서 나의 자취 생활이 시작되었다. 경제적 독립이 아닌 생활의 독립이었다. 이때부터 집의 의미가 나에게는 남과 달랐다. 경제적으로 여유가 있었다면 달랐겠지만 그렇지 못했기에 자췻집이 주는 의미는 내 삶 깊숙이 아린 기억으로 박혔다.
나는 자췻집을 구하면 한집에서 오랫동안 살았다. 고등학교 3년, 대학교 4년, 그리고 결혼 전까지 각각 한집에서 지냈던 것을 생각해보면 내 속에 변화를 두려워하는 마음이 강하게 자리하고 있지 않았나 싶다.
내가 자췻집을 구할 때 먼저 생각하는 것이 있었다면, 그것은 저렴하면서도 구석진 곳이 아닌 나름 트인 공간이었다. 다르게 말하면 인적이 드문 곳은 피했다고 하는 것이 맞는 것 같다. 그러다 보니 내가 자취했던 곳은 대부분이 모퉁이에 있는 곳이었다. 모퉁이에 집이 있으면 알게 모르게 타인들의 눈길이 가장 많이 머무는 곳이라는 단점이 있지만 열린 공간이라는 장점이 있다.
대학교 때 살았던 자췻집은 학교 정문에서 멀지 않은 곳에 있었다. 정문에서 왼쪽을 돌면 상설 시장이 있고 그곳을 가로질러 조금만 걸어가면 가파른 곳에 집들이 있었다. 내가 살았던 자췻집은 넓은 길에서 좁은 길로 들어서, 조그만 동네 마트를 기점으로 골목이 나누어지는 지점이었다. 지대가 높은 곳으로 내가 사는 집 위로는 더 가파른 길로 이어진 집들이 많았다. 곳곳에 학생들의 하숙집과 자췻집이 자리하고 있었다. 내가 살았던 자췻집은 낯선 곳에서 살아야 하는 나에게 조금은 안전한 공간이었다. 허름하고 낡은 집이었지만 학교도 가깝고, 구석지지 않은 곳이라 낯선 곳에서 생활해야 하는 나에게 조금이나마 위안이 되었다. 그런데 큰 단점이 있었다. 지나가는 사람들의 시선이 자꾸만 내가 머무는 곳에 이른다는 것이다. 사람들이 가게 문을 나서며 무심결에 앞을 보게 되고, 그 시선이 머무는 곳에 사람 사는 모습이 보일 뿐이다. 하지만 나는 생각이 달랐다. 사생활이 노출되었다고 생각했다. 그래서일까. 나에게 없던 행동이 나타났다. 가게에서 사람들이 내가 사는 집을 올려다보는 것이 싫어 무의식적으로 몸을 숙이고 생활하는 내 모습을 깨닫게 된 것이다.

가파른 언덕에 지어진 집이라 지대도 높고 거기다 담장이 낮아 사람 허리쯤을 가릴 정도밖에 되지 않아서 가게에서 고개만 들면 거주자의 생활상이 모두 노출이 되는 구조였다. 그래서 빨래를 늘어놓은 것이며, 실외에 있는 화장실을 드나드는 내 모습이 타인의 시선을 피하지 못했다. 결국 나는 구석진 곳을 찾지 못하고 땅바닥을 방패 삼아 허리를 구십도 가까이 굽히는 행동을 무심결에 하고 있었다. 어딘가 벗어나고 싶고 숨고 싶었던 그런 마음이었지 싶다.

그런데 아이러니하게도 어느 날 주인집 막내아들이 나와 비슷한 행동을 하는 것을 알아차렸다. 주인집에는 막내아들이 하나 있었는데 늦둥이로 부모와 나이 차이가 제법 컸다. 그래서인지 그 주인집 아들도 나처럼 가리고 싶은 것이 많아 보였다. 또래 친구들과 달리 나이 든 부모가 창피하게 느껴졌을 것이고, 자기 집이긴 하나 낡은 집에 산다는 것이 초라하게 느껴지지 않았나 싶다. 모퉁이를 돌아 자기 집에 들어설 때면 몸을 바닥 쪽으로 바짝 움츠리고 쏜살같이 집 안으로 들어가던 그 아이의 뒷모습이 아린다.

나는 나의 초라한 모습을 보이기 싫어서였다지만 주인집 아들은 나보다 나은 여건이지 않은가. 초라하다는 것은 아주 주관적이고 상대적이라 마음 따라 움직이는 것 같다. 누군가 나의 초라해 보이는 모습을 올려다볼까 봐 두려워하기보다는 높은 지대를 방패 삼아 내가 다른 이들을 내려다본다는 것이 더 현실적이었을 것 같은데, 모든 것은 내가 가진 자격지심에서 비롯되지 않았나 싶다. 그리고 돌아보면 내가 살았던 그 자췻집의 담장 높이가 나의 현재를 살아가는 데 걸림돌이었다기보다는 그곳을 벗어나기 위해 안간힘을 썼던 그 시간 덕분에 지금의 내가 있지 않았나 싶다.

남들의 시선이 두려워 벗어나려 애썼던 시간만큼 나는 나락으로 떨어지려는 내 마음의 속도를 줄여 모퉁이를 돌아 열린 마음의 문을 열 수 있었으니까.

가족들이 여럿 모여 식사할 때 친정엄마가 예나 지금이나 빼먹지 않고 하시는 말씀이 있다. 밥상 모서리에 앉지 말라는 것이다. 나는 성격상 다른 가족이 먼저 자리를 차지하고 나면 남는 자리에 앉는다. 좋게 얘기하면 배려심이 많은 것처럼 보이지만 남는 자리가 편해서다. 친정엄마는 밥상 모서리에 앉으면 좋지 않다고 하시며, 나를 다른 자리에 앉히고 그 자리는 당신이 앉아서 불편한 식사를 하신다. 나는 아무런 문제가 없다고 생각하지만, 엄마의 당부에 수긍하는 척하며 그 자리를 피한다. 그런데 밥상 모서리에 앉는 것이 크게 나쁘지만은 않은 것 같다. 나는 한쪽 면만 생각하지 않고 모서리를 기점으로 전체를 내 앞에 두고 있다고 느끼니까. 하지만 어른들이 염려하시는 부분은 있을 것이다. 모서리라 다칠 수도 있고 다른 곳보다 돌출된 곳이라 불편한 점은 있을 것이기 때문이다.

밥을 먹을 때도 꺼리는 자리가 모퉁이 자리지만 나는 그런 모퉁이가 두렵지는 않다. 아린 기억이 자리하고 있을 내 마음의 한 자리도 더 나빠진 것이 아니라 안정을 찾았으니 나쁜 것도 좋은 것도 마음먹기에 따라 얼마든지 극복이 가능한 것 같다. 여유를 가지자. 남의 시선에 맞춰서 살면 힘들다. 나는 나일 뿐이고 다른 사람들도 나에 대해 내가 걱정하는 만큼 별 관심이 없을 것이다.

타인의 시선이 두려워 허리를 구부리고 다녔던 그런 시절을 뒤로하고 이제는 마음의 모난 부분을 사포로 조금씩 문질러가면서 살아보련다.

나에게 주는 선물

작년 이맘때쯤이었을까? 계절의 경계가 모호해지다 보니 계절을 구분 짓기가 어렵다. 더위가 한풀 꺾이고 낮에는 선선한 바람이 불어오는 듯했지만, 저녁 기온은 조금 쌀쌀했었다. 출항인 사업가가 창녕군민을 위해 거액을 출연해서 문화 행사를 열어주었다. 행사는 창녕군 예총에서 지원하면서 유명 가수도 여러 명 초청했다. 여느 때처럼 관내 행사였다면 참석 인원이 많지 않았으련만, 유명 가수가 온다는 소식 때문이었을까? 행사장은 붐볐다. 일일 봉사자로 배정된 나는 행사가 열리는 공설운동장 행사장 입구에서 길 안내를 했다. 혹시 모르는 안전사고에 대비해서였다.

행사장을 찾은 사람은 젊은 층은 별로 없고 중장년을 넘어 노년층이 대부분이었는데, 생각 외로 다른 지역 사람들이 많이 보여 의아했었다. 알아보니 가수를 따라 움직이는 열성팬이었다. 좋아하는 가수 이름이 적힌 티셔츠를 입고 손에는 가수 이름이 적힌 피켓을 들고 옹기종기 모여있는 모습은 행사를 떠나서 나에게는 이색적으로 다가왔다. 누군가를 저렇게 좋아할 수 있을까 싶은 부러운 마음과 저렇게까지 할까? 싶은 복합적인 감정으로 행사 내내 많은 생각이 들었다. 생각해보면 나는 한 번도 무엇인가에 열정적으로 빠져본 적이 없어서일 것이다.

행사가 진행되는 중이지만 늦게 도착하는 사람이 있어서 나는 행사장 문 입구에 서 있었다. 마침 일흔이 넘어 보이는 할아버지 한 분이 헐레벌떡 들어오면서 대뜸, 휴대전화 충전을 급하게 해달라고 하셨다. 나는 급하다는 할아버지 말씀에 충전기를 수소문해서 도와드렸다. 그런데 할아버지는 행사장 안에서 진행되고 있는 행사에는 관심이 전혀 없는 듯 할아버지가 응원할 가수의 순서에만 관심을 두고 행사장 문 앞에서 조바심을 내며 휴대전화 충전기만 뚫어질 듯 보고 계셨다.

할아버지는 김천에 거주하고 있고, 할머니랑 같이 좋아하는 가수가 가는 행사장은 빠짐없이 따라다니며 바쁜 일상을 보내고 계신다고 하셨다. 할아버지는 '나이가 들어 운전하는 것이 좀 힘들어서 그렇지. 요즘은 살맛 난다'라며 활기 넘치는 표정으로 주저리주저리 했다. 그 모습은 무엇으로도 대체할 수 없는 할아버지만의 내면의 모습이라는 생각이 들었다. 내가 찾는 것이 할아버지의 모습에서 느껴지는 순간이었다.

나는 낯선 길을 헤매며 밤 운전한다고 애를 먹었다는 할아버지께 커피 한 잔을 건네고 행사장 안으로 자리를 옮겼다. 너무 행복해하셨던 할아버지의 모습이 지금도 눈에 선하다. 노년의 마음을 흔들어 놓은 가수의 힘이 놀라웠고, 할아버지와 할머니가 정작 좋아하는 것이 노래인지 가수인지는 알 수 없으나 무엇으로도 대체하기 힘든 선물이구나 싶었다.

아들이 피아노를 처음 시작했을 때, 집안에 피아노 소리가 흐르는 자체가 좋았다. 그리고 남편이 색소폰을 취미로 하는가 싶더니 좀 더 깊이 있게 배우겠다며 뒤늦게 예술 대학에 편입

학했던 그때도 내가 합격한 것 같이 마냥 좋았다. 그러고 보면 나는 그런 일련의 일들이 내 일처럼 뿌듯하고 좋았다.

이제는 나에게 여유가 찾아왔다고 말해야 하나 마음의 여유를 느끼는 순간들이 생겼다는 표현이 맞겠지. 예전에는 감히 이런 것을 할 수 있을까 싶었던 것들을 내가 아니지만, 남편과 아들이 하고 있다는 생각에 대리만족이지만 나의 마음속 빈자리를 채워가고 있는 느낌이 든다.

혼자된 친정엄마가 하루 종일 트로트 음악 채널을 켜놓고 즐거워하는 모습을 보거나 약간의 치매 증상을 보이는 시어머니가 소파에 앉아 텔레비전에서 흘러나오는 노래를 흥얼거리는 모습을 보고 있으면 뭐라 할 수 없는 애잔함으로 코끝이 찡해진다. 하지만 이제는 좋아하는 것을 좋아한다고 표현하면서 자신만의 시간을 즐기고 있는 두 분의 모습이 그래도 좋다. 좋아하는 것에는 너무 늦은 것이란 없는 것 같다. 다만 좋아한다는 것을 마음껏 표현할 수 있는 용기가 필요할 뿐이다.

나는 감정에 메마른 사람처럼 좋아하는 것을 좋아한다고 표현하는 것이 서툴다. 억눌려 있던 감정을 스스로 해소하지 못하고 아들과 남편이 하는 것으로 대리만족하는 내 모습이 가여워 보일 수도 있지만 그렇다고 불행하다고 여기지 않는다. 어릴 적 어른들 말씀처럼 '노래를 듣고 있으면 돈이 나와 밥이 나와 몸뚱아리 움직여서 일해야.' 하셨던 얘기들이 귓가에 맴돈다. 그래서인지도 모르겠다. 좋아하는 것을 좋아한다고 표현하지 못하고 묻어 두고 산 시간 속에서 나는 아무런 감정 표현을 못 하는 사람으로 채우지 못한 허기를 안고 살아왔는지도.

미국의 조지 도슨 할아버지는 98살에 글을 깨치고, 인생은 좋은 것이고, 점점 나아지는 것이라는 희망을 안고 101살에 '인생은 아름다워'라는 자서전을 낸 것으로 유명한데, 나는 무엇을 두려워하는지 모르겠다.

무언가를 시작하는 데는 때가 있다고는 하지만 무엇이 문제가 되겠는가? 말이다. 그냥 시도하고 즐기면 되는 것이다. 좋아하는 가수를 따라 전국을 돌아다니는 할아버지의 환한 얼굴이 다시 한번 내 마음을 소용돌이치게 하는 것 같다.

어느 날 남편의 색소폰 악기 방에 들어가 '나도 색소폰을 한번 불어볼까?' 하면서 용기를 내어 악기 중에서 크기가 작은 소프라노 색소폰을 들고 불었다. 악기 크기가 작다고 부는 것이 쉬운 것이 아니라는 것은 알지만, 크기에 압도되어 시도조차 못 할까? 싶어서다. 처음부터 소리가 날 리가 없었다. 그래도 포기하지 않고 옆에 있는 운지법 설명서를 보면서 몇 번 시도 했다. 소리가 나지 않았다. 포기하고 싶었지만 조금만 더 하다 보니 어느 순간 소리가 났다. 그 소리는 어떤 멜로디보다 내 귀에 울림을 주었다. 혼자만의 착각이었다는 것을 알면서도 좋았다. 그 이후로 나는 남편에게도 말하지 않고 아무도 없는 시간을 이용해 혼자 운지법을 익히고 연습을 반복했다. 시간이 말해준다고 했던가 복잡하지 않은 악보를 연주할 수 있게 되었다. 나름 소리가 괜찮았다. 순간을 놓치고 싶지 않아 녹음도 하고 들어보니 괜찮았다. 연주자도 관객도 나여서 가능한 것이리라.

지금은 바쁘다는 핑계로 색소폰을 몰래 독학하던 열정도 접었지만, 아무도 모르는 나의 최초이자 어쩌면 마지막이 되어버린 색소폰 연주곡이 내 휴대전화 녹음 파일에 몰래 숨어있다. 좀 더 시간이 지나 나도 조지 도슨 할아버지처럼 인생이란 숱한 고난의 여정이었지만 그래도 인생은 아름답다는 말을 되새기며 음악으로 나를 치유하는 날이 또 오지 않을까? 그러면 악기 하나 배우고 싶었지만 그냥 가슴속에 묻어 둔 어린 나에게 주는 소중한 선물이 되지 싶다.

마곡의 그녀

내 경우, 누군가를 볼 때 그 사람의 집을 방문하고 안 하고의 차이가 있는 편이다. 밖에서 보이는 면은 화려하지만, 사는 모습은 소박한 사람이 있고, 깔끔할 것 같은 모습과 달리 널브러져 있는 집안 모습에 당황했던 기억도 있기 때문인지 모르겠다. 그래서 그런지 누군가를 집으로 초대할 때는 망설여진다. 나도 누군가에게 그렇게 보일 수도 있을 테니 말이다. 그렇지만 누군가의 집을 찾아간다는 것은 그 사람을 더 깊이 알 수 있을 것 같은 설렘이 있어 좋다.

얼마 전 지인의 소개로 밀양 마곡에 사는 한 집을 방문했다. 그 집의 주인은 지난겨울 지인의 집에서 잠깐 인사를 나누었던 지인의 고향 친구다. 잘 알지도 못하면서 따라나서도 괜찮을까 하는 약간의 부담도 있었지만, 그녀가 사는 집이 궁금하기도 해서 지인을 따라 남편과 동행했다. 처음 만났을 때부터 그녀는 자기 집의 사진을 보여주며 사진작가가 촬영한 것이라며, 집에 대한 자랑을 늘어놓았었다. 그래서 한 번쯤 가 보고 싶었다.

그녀가 사는 곳은 밀양 마곡인데, 지명이 말해주듯 마곡이라서 그런지 깊은 골짜기에 접어들어 차가 한 대 겨우 지날 정도의 꼬불꼬불 좁은 산길을 따라 어디쯤일까? 하고 숨 고르기를 한번 할 즈음, 제일 높은 산 중턱에 그녀의 집이 있었다. 이런 곳에도 사람이 거주하고 있다는 것이 의외라는 생각이 드는 것도 잠시, 집 아래를 내려다보니 지나오면서 보지 못한 집들이 몇 채 있었다. 그녀처럼 불편함을 감수하고 인적이 드문 장소를 선호하는 사람들이 적지 않은 것 같았다.

 집 입구에는 포동포동 양처럼 생긴 하얀 강아지가 낯선 이를 경계해야 할 직분도 잊은 채 꼬리를 흔들며 반겨주었다.

구김살 없이 행복한 강아지의 모습을 보니 이 집에 사는 주인도 행복하겠구나 싶었다. 마당에는 온갖 야생화와 나무들이 가득했다. 그녀의 손길 하나하나가 머물렀을 것 같은 마당의 풍경은 그녀의 어깨를 추켜세울 만큼 잘 가꾸어져 있었다. 그리고 집 마당에서 아래로 내려다보면 시야가 막힘이 없어서인지, 그곳에 서면 누구나 세상을 다 가진 기분이 들 것 같았다. 그녀가 그곳을 보자마자 선택한 이유를 알 것 같았다. 활짝 열린 시야와 더불어 머리 위 하늘이 정원처럼 느껴져서인지 하늘 정원까지 자기 것으로 소유하는 듯, 그녀를 처음 만났을 때 느꼈던 그녀의 당당함이 여기에서 나왔구나 싶었다. 사방이 산으로 둘러싸여 있어 계절마다 자연 스스로 옷을 갈아입으니 사시사철 색다름을 선사하는 넓은 정원을 소유한 그녀, 그녀는 진정한 찐 부자였다.

잠깐의 집 구경이 끝나자마자 식사가 준비되었다고 해서 집안으로 들어갔다. 집안은 생각보다 소박했다. 소박한 집안 풍경이 오히려 사람 사는 냄새가 나서 좋았다. 거기다 음식 대접까지 받을 줄 예상 못 했는데, 내가 좋아하는 자연식 밥상을 대접받고 나니 더없이 좋았다.

식사 후 차를 마시며, 남편과 나는 그녀가 그 집에서 살게 된 얘기를 들을 수 있었다. 그녀는 할 얘기가 많은 듯 벽에 걸려 있는 집 전경 사진을 가리키며 사진작가 작품인데 밀양 알림에도 소개가 되었다며 자랑을 늘어놓았다. 그 액자를 보니 지난번 처음 만났을 때 그녀가 휴대전화를 열어 보여줬던 바로 그 사진이었다.

그녀와 그녀 남편은 살고 싶은 집을 찾아 전국을 돌아다녔다고 했다. 여러 지역을 다녀도 마음에 드는 곳이 없었는데 지금 사는 곳을 보는 순간, '여기다 싶었다'고 했다. 그녀가 집을 찾아 여러 곳을 헤맨 이유가 있었는데, 나로서는 이해가 가기 힘든 부분이 없지 않았는데 그녀에게는 어느 집 앞에 서면 귀신이 보인다고 했다. 그러다 보니 집을 구하는데 애로사항이 많았다고 했다. 지금 사는 이곳도 귀신이 살고 있다면서도 사는데 아무런 제약이 없다는 말이 신기할 따름이었다. 아마도 그녀는 누군가 살았던 집에 들어가는 것에 대해 거부감을 많이 느끼는 편이지 않을까 하는 생각이 들었다.

누군가 오랫동안 살았던 집을 내가 살아간다는 것은 어쩌면 살았던 사람의 흔적을 지우고 나로 채워가는 시간이 필요할 것이다. 아마도 그녀는 그 흔적들을 쉽게 마주하지 못하는 성향이지 않을까 하는 생각이 들었다. 생각해보면 그녀가 그 집을 처음 들어섰을 때 제일 마음을 이끌었던 것이, 막힘이 없이 터인 시야라고 했던 그 말에 그녀도 마음이 쉴 집을 찾고 있었구나 싶었다. 편안한 안식처 말이다. 그녀가 극구 마다했던 귀신이 보이는 집임에도 불구하고 두려움을 없애주고 힘을 실어주는 곳, 그곳이 가장 안전하고 편안한 쉼터가 되어주고 있었으니 아이러니했다.

봄의 시작과 함께 찾아온 불청객, 어디서 날아와서 우리 집에 자리를 잡고 싹을 틔웠는지 잡초들이 핑퐁 게임을 하듯 뽑아도 뽑아도 없어지지 않는다. 잡초를 찾아 잔디밭에 고개를 떨구고 있으면 아무 생각이 없어진다. 근심 걱정도 없고 무엇을 갖고 싶다는 것도 없이 오직 잡초를 찾아내는 일에 열중하는 내 모습이 있을 뿐이다. 마곡에서 만난 그녀는 마당에 나가 정원을 가꿀 생각에 하루하루가 설렌다고 했다. 귀신과 함께 살고 있어도 아무렇지도 않을 수 있는 그녀, 그녀 남편이 외출하고 없는 저녁, 테라스에 홀로 앉아있어도 어둠이 두렵지 않을 힘은 어디에서 오는 것일까? 아마도 그녀가 사는 그 집이 그녀를 받아들여 주었기에 쉼터가 될 수 있지 않았나 싶다.

내가 뽑아버린 이 잡초는 어디에 있어야 한다는 것도 없이 바람이 내려놓은 그 자리가 자기 집인 것처럼 뿌리를 내린다. 그 이후의 걱정은 없다. 그러나 사람은 아무 곳이나 바람이 실어다 놓은 곳에 정착할 수는 없다. 내가 마음 놓고 정착할 수 있는 안식처가 필요하다. 그곳이 내가 사는 집이기에 온 힘을 다해 가꾸는데 열정을 쏟는다. 그리고 그곳을 쓸고 다듬는 것이 나를 지탱하는 힘이기도 하니까. 텅 빈 마음을 위로받으며 집을 가꾸면서 자신을 채워가는 마곡의 그녀가 이해되는 부분이었다.

지금쯤 마곡의 그녀 집은 그녀의 분주한 손길과 봄기운이 더해져 더없이 아름다울 것이다.

나는 그냥, 김밥이 좋다

오늘은 뭘 먹을까? 아무거나. 아무거나 라는 메뉴는 없는데, 하는 말장난을 매번 하지만, 세월이 갈수록 먹고 싶은 것이 없다는 것이 안타깝다고 해야 할까? 아니면 복에 겨워서, 경상도 사투리로 포 시려서 그런 것일까? 매 순간 음식 메뉴 선택이 쉽지, 않다.
다양하고 맛있는 먹거리가 많아서 그렇기도 하지만, 어릴 때부터 힘들게 사시는 부모님을 보고 자라서 그런지 좋아하는 것을 좋아한다고 말하지 못하고 살아왔다. 말하지 못하는 어려움, 억눌린 감정을 풀어헤친다는 것이 세월이 흐른다고 달라지지는 않나 보다. 그래서인지 여러 가지 면에서 내가 좋아하는 것을 말하지 못하는 선택의 어려움이 있다. 내가 좋아하는 것보다는 상대의 의사를 먼저 물어보고 그것을 따르는 것이 마음 편하다. 아마 이런 성향은 영원히 고쳐지지 않을 것이다. 문득문득 나도 내가 원하는 것을 먼저 말하고 시행하고 싶을 때도 있다. 그러나 그것도 잠시 잠깐, 내 마음 깊은 곳에 자리 잡은 억눌린 감정은 여전히 나를 선택 장애로 만드는 것 같다. 이런 면이 어쩌면 우유부단한 사람처럼 비칠 수도 있음이다.

남편과 나는 주중에는 각자의 일로 바빠서 아침밥 외는 같이 밥 한 끼 먹을 시간이 없다. 그래서 주말에는 한 끼 정도 외식을 하려고 하는 편이다. 그것도 여의찮을 때가 많지만 가족끼리 밥 한 끼 먹는 시간이라도 갖자는 의미에서다. 그렇지만, 남편은 외식하는 것보다 집에서 먹는 것을 더 좋아하는 것 같다. 그래도 나는 한 주를 마감하면서 내가 만들지 않은 음식을 먹고 싶다. 주부들에게 제일 좋아하는 음식이 무엇이냐고 물으면 남이 해준 음식이라고 한다고 하지 않는가? 나도 내가 만든 음식이 아닌 다른 사람이 차려준 음식을 먹고 싶다. 잠시나마 가사 노동에서 탈출하고 싶으니까.

거창한 메뉴는 아니지만 나는 김밥을 참 좋아한다. 김밥으로 외식을 하자고 하면 나를 이상하게 바라본다. 그냥 평소에 사 먹든지 만들어 먹으면 되지 굳이 주말에 외식으로 김밥을 먹자고? 그렇긴 하지. 하지만 무엇이 먹고 싶냐고 물었으니 대답했을 뿐인데 사람들은 이상한가 보다. 결혼식 행사가 있어 호텔 뷔페를 가도 나는 꼭 김밥을 찾는다. 그런데 요즘은 내가 좋아하는 정통 김밥이 없는 곳이 많아 아쉽다. 다양한 식재료로 만든 김밥이 아닌 정통 김밥이 나는 제일로 맛있는데 말이다.

내가 좋아하는 김밥은 김과 밥, 소시지, 당근, 시금치, 단무지, 어묵 등 어릴 적 먹었던 재료 그대로 만든 것을 좋아한다. 어린 내가 먹고 싶었던, 아니 어쩌면 가지지 못해 속상했던 그 기억을 보상받고 싶어서 그런지 모르겠지만, 다양한 종류의 김밥이 있음에도 불구하고 나는 기본 김밥을 좋아한다. 어릴 적 도시락으로 김밥을 싸 온 친구가 너무 부러웠기 때문이었을까? 갖지 못했던 것에 대한 한이 되어서 그런 것인지 세월이 흘러도 변함없이 나의 최애 음식은 김밥이다.

김밥은 나에게 추억의 음식이지만, 어린 나의 마음을 아프게 한 음식이기도 하다. 학창 시절 다른 친구들은 엄마가 정성껏 싸준 김밥을 당연한 듯이 먹었지만, 나에게는 당연하지 않았다. 처음에는 없어서 못 먹었고, 먹을 수 있다 하더라도 일찍부터 집을 떠나 학업을 이어갔기 때문에 엄마가 싸준 김밥 도시락에 대한 추억이 없다. 그래서일까? 김밥을 맛으로 좋아하는 것도 있지만 내 마음 깊은 곳에 자리하고 있는 먹지 못해 힘들어하던 어린 나에게 주는 보상이 아닐까 싶다. 친구들이 엄마가 싸준 김밥을 맛있게 먹는 모습을 보며 부러움과 상실감에 허우적거리던 어린 나에게 보상해 주고 싶은 마음의 선물 같은 것 말이다.

 어린 내가 김밥을 처음 접했을 때 천연덕스럽게 친구에게 한입만 하고 말할 수 있었더라면 먹는 것으로 상처가 되지는 않았겠지? 그래서 더더욱 김밥은 여전히 특별하고 맛나다.

고슬고슬한 밥에 뿌려진 고소한 참기름 향과 어릴 적에는 가보지 못한 바다를 동경하는 마음이 더해진 김 냄새는 경험하지 못한 신계를 만난 것처럼 나를 사로잡았다. 그것이 강력한 양념으로 작용해서 나를 이끌었는지도 모르겠다. 다양한 색

재료가 어우러져 동그랗게 말린 모양은 질리지 않는다. 동그랗게 김밥을 말아 일정한 크기로 자르면 속이 숨김이 없이 훤히 보여 속을 알 수 없는 것이 아니라, 개방감이 느껴져 개운하다. 엉큼하지 않고 시원하다. 이것이 내가 느끼는 김밥 찬양이려나? 김밥은 김과 밥이 여러 재료를 포용하면서 각자의 맛을 음미할 수 있게 하는 장점이 있다. 내가 최고야가 아니라 너도나도 같이 어우러져 환상의 짝을 이루어 하나의 합을 이룬다는 것, 어쩌면 그것이 나에게 최애의 음식이 될 수 있는 자격이 된 것 같다.

화려하고 값비싼 음식은 아니지만, 누구라도 친숙하게 속을 채울 수 있는 부담스럽지 않은 음식이라는 것이 마음에 든다. 특별함이 느껴지지 않는 평범함, 어떤 재료와도 조화가 잘 이루어지는 그렇다고 기본을 갉아 먹지도 않고 김밥 본연의 뿌리를 흔들지도 않는 조화로움, 내가 사는 삶에서도 유지하고 싶은 포용의 힘이 김밥에 스며있다고 생각한다.

그래서 나는 가끔 김밥만큼의 인생을 살고 있는지 스스로 자문해 본다. 그래 김밥 너는 성공한 거야. 평범함을 무기로 지금껏 대중 음식으로 사람들의 사랑을 받는 것만으로도 말이 필요 없으니까. 좋다 좋다 하지 않아도 그냥 뭐 먹지? 김밥이나 먹을까? 그래 나는 그냥, 그냥 김밥이 좋다.

아들을 품에 안고

한동안 잊고 지냈는데, 문득 앨범에 눈길이 갔다. 책꽂이 제일 아래 칸에 끼워져 있는 앨범을 집어 들고 방바닥에 퍼질러 앉았다. 책장의 묵은 먼지를 털어 내기 위해 청소하러 온 것도 잊었는지 고무장갑을 낀 손으로 앨범 첫 장을 열고 있는 내 모습이 낯설다. 잠깐이었지만 나의 과거를 훔쳐보는 기분이랄까. 첫 장에는 아들이 태어난 후 내가 어린 아들에게 부치지 못한 편지를 써 놓은 것이 있었다. 초보 엄마가 쓴 서툰 마음의 흔적이 부치지 못한 편지로 남아있었다.

아들에게 써 놓은 편지의 전문은 이랬다.

사랑하는 나의 아들 경산해에게

어느새 훌쩍 커 버린 너의 모습을 보며 엄마는 놀라움을 감출 수가 없구나. 네가 태어나던 그때를 생각하면 아득하기만 하다. 난산으로 하루를 꼬박 버티다 제왕절개 수술로 너를 맞이할 수밖에 없었던 그 순간, 엄마도 무척이나 힘들었단다. 하지만 너와의 마주함으로 모든 것은 없었던 것이 되었다.

요즘 들어 부쩍 힘들어하는 너의 아빠 모습을 바라보며 엄마는 너무 약한 존재구나 하는 생각이 들어. 왜냐고? 엄마와 너를 위해 저렇게 힘들게 일하는데 지금 엄마는 너를 돌보는 것 외는 아무것도 할 수가 없으니 말이다. 그러나 경산해의 밝고 해맑은 미소에 피로함도 잊고 일하는 아빠의 모습을 보니 네가 그래도 효자라는 생각이 들어.

경산해야, 우선은 씩씩하게 만이라도 자라다오. 세상을 살아가다 보면 뜻하지 않은 일도 생길 것이고, 죽고 싶어질 정도로 힘든 날도 있을 것이다. 그러나 사는 것은 그냥 살아가는 것일 뿐, 한 걸음 한 걸음 걷다 보면 그냥 걸어가게 될 거야. 이렇게 시원하게 얘기하는 엄마는 세상을 잘 아는 것 같지? 하지만 엄마도 아직은 잘 몰라. 그래서 더 걱정스럽고 두렵지만 지금 이렇게 너를 바라보며 너의 미래를 그려보는 것으로 미소가 지어지며 설레기도 해. 그러니 욕심부리지 말고 우리 같이 걸어가 보자.

우리 불확실한 미래는 생각하지 말자. 다만, 우리 세 식구 각자의 자리에서 각자도생하다 보면 세상의 행복은 돈이 아니라 서로를 사랑하고 신뢰하며 아껴주는 마음에서 찾아올 것이라 믿어. 누가 더 참고 인내하느냐에 따라 삶은 다르게 다가올 테니까.

엄마는 너의 내일을 응원한다. 그리고 조금의 여력이 있다면 너만의 삶을 살지 말고 따스한 햇볕의 한 자락이라도 소중히 여기며, 주위를 둘러보며 외로운 이웃을 위해 작은 정성이라도 나누는 사람이 되었으면 싶구나.

이제 겨우 세상에 발걸음을 뗀 너에게 엄마의 바람이 너무 과한 것 같기도 하네. 엄마도 아직은 살아가는 것이 서툴고 미숙하면서 말이야. 시간이 흐르고 흘러 너와 내가 마주했던 이

광활한 바다를 바라보며 너도 생각에 잠길 날이 오지 싶다. 엄마보다 더 이성적이고 현명한 삶을 살아갈 것이라 믿지만 그저 너의 길을 잘 걸어가길 바란다.
이제 겨우 9개월이 된 너를 바라보며 엄마가 너무 멀리 생각한 것 같네.
동글동글하게 생겨 별명이 '동글이'가 된 경산해야, 미소 잃지 말고 굳세게 자라라.
아빠와 엄마는 항상 네가 어디서 무엇을 하던 응원할게.
1998.7.15. 엄마가

아들은 올해 일본 대학을 졸업하고 도쿄에 있는 금융권에 취업해 직장 생활을 시작했다. 유학 생활하는 동안 경제적으로 지원받기는 했지만, 대학 4년 내내 공부와 아르바이트를 병행하면서 혼자 힘으로 어려운 유학 생활을 잘 이겨냈다. 가까이 있었더라면 부모의 챙김을 더 많이 받았을 텐데 그러지 못한 것이 엄마로서 못내 아쉬움으로 남는다. 하지만 코로나로 여러 가지 어려운 상황에서도 자신의 밥벌이를 찾았다는 것과 이방인의 삶이 고단도 하련만 일본 생활을 잘하고 있다는 것이 대견스럽다.

아들이 태어났을 때, 내가 염려했던 것이 무색할 정도로 몸과 마음이 건강한 청년이 되어 사회의 구성원으로 한 자리를 차지하고 살아가고 있음에 감사하다.

넓은 바다를 배경으로 아들이 잘 자라주기를 바라던 젊은 날의 내가 이제는 바다 건너 아들을 보내 놓고도 안심할 수 있는 것은 자기 자리에서 자신의 길을 잘 걸어가고 있어서다. 그리고 아들의 미래를 걱정하고 서툴고 미흡하기만 했던 나도 이제는 경제적 걱정 없이 잘 살아가고 있으니 다행이다.

아들에게 전하고자 했던 그때의 나를 만나고 앨범 뒷장을 넘기니, 어린 아들을 품에 안은 내 젊은 날이 있었다.

만년교

아치형 다리 위
젊은 여자,
하늘로 비상하고
시선이 멈춘 다리 아래
실개천이 하늘을 품는다.

건너편 다리 위
젊은 남자,
비상하는 여자를 놓칠세라
카메라 렌즈를 품는다.

어언간
둘은 데칼코마니
멀리 무지개가 피어난다.

2부

마음 가득 여백을 위해서

사라진 네잎클로버 한 잎이 나의 머릿속을 뒤흔들어 놓았다고 생각하니 큰 행운을 바란 것은 아니었지만, 그날 네잎클로버를 찾은 순간에 미소 지었던 내 모습이 겹쳐졌다. 가진 것으로 인해 또 다른 불안을 안게 된다면 모든 것은 내 생각과 내 마음이 머무는 곳, 그곳에 있을 것이다. 그것은 눈으로 보고, 손에 쥐어야만 행운을 얻을 수 있다는 착각에서 만들어진 또 다른 불안의 창조물이 아닐까 해서 씁쓸하다.

-「사라진 네잎클로버 한 잎」 중에서

사소와 경이의 순간 – 우포늪의 여름

우포늪은 1억 4천만 년 전에 생겼다고 한다. 인간사 피고 지고 또 피는 그 시간과 비교해 보면 가늠이 안 된다. 지금처럼 비가 많이 오는 시기라 해도 우포늪은 허둥대는 모습은커녕 대응하는 모습이 태연하기만 하다. 아마도 포용할 수 있는 만큼 거부하지 않고 많은 양의 물을 안고 적정한 시기에 필요한 곳에 생색내지 않고 내어주는 미덕을 베풀고 있기 때문일 것이다. 올봄에 마주한 우포늪은 생동감이 넘치고 모든 것을 품을 준비를 하고 있었다. 한결같은 모습을 하고 봄을 알리는 시작부터 우포늪은 여름 폭우까지도 태연하게 맞이할 준비를 하고 있었는지도 모르겠다. 지금은 며칠째 쏟아진 폭우를 집어삼키는 중이라 사람들의 방문을 허락하지 않을 테지만, 많은 양의 물을 머금고도 아무렇지 않은 듯, 태연하고 고요하기만 한 우포늪이 생태의 보고라는 것을 다시금 깨닫게 된다.

수많은 생명체가 공존하고 있는 우포늪을 바라보고 있으면 나는 왜 자꾸만 고요하다는 생각이 들까? 오랜 세월을 견뎌 낸 나무는 세월의 풍파에 휘어지고 늘어졌지만, 볼품이 없어진 것이 아니라 더 아름답게 변했고. 물이란 고이면 썩기 마련이건만 다양한 수생식물들을 포용하고 있어 썩기는커녕 세월의 무게를 느낄 수 없을 정도로 더 강력한 생명체를 안고 있으니 말이다.

우포늪처럼 주어진 자리에서 오랫동안 욕심부리지 않고 모든 것을 포용할 수 있는 내공은 무엇일까?

언론에서는 연일 폭우 피해 소식을 전달하고 있다. 예전에는 장마 기간이 되면 추적추적 비 오는 날이 지속되는 것으로 시작과 끝을 예견할 수 있었다. 그런데 지금은 장마라는 것이 무색할 정도로 폭우가 쏟아져 재해를 입는 사람들이 많이 생겨

나고 있다. 기후변화 때문이라고는 전적으로 말할 수 없겠지만 달라지고 있음이 분명하다.

창녕은 며칠 동안 폭우가 간헐적으로 지속하더니 오늘은 잠시 소강상태다. 그런데 경북과 충청도는 비 피해로 인명 피해가 심각하다는 안타까운 소식이 들려와 마음이 무겁다. 적당히 필요한 만큼이면 얼마나 좋으련만 이번처럼 폭우가 쏟아질 때면 인간이 얼마나 자연 앞에 나약한 존재인가를 실감하게 된다. 그리고 오늘처럼 이렇게 어쩔 수 없는 인명 피해가 많이 일어나는 것을 보면 안타까움에 가슴이 아프다. 통제할 수 없는 폭우 속에서 살아남기 위해 안간힘을 쓰고 있는 인간은 나약한 존재일 뿐이기에 다만 인명 피해가 더 불어나지 않기를 바란다.

자연이 만들어 놓은 그 길 위를 바라만 보고 걸어갈 수는 없겠지? 더 나은 것으로 만들고 싶은 욕망을 멈추지 않고 있으니 말이다. 그렇지만 이제는 조금씩 제동을 걸어야 할 시점이 되지 않았나 싶다. 이렇게 말하는 나조차도 무엇이 정답인지 모른 채 현실에 순응하며 따라가고 있으니 더 나은 삶을 추구하는 인간의 욕망은 끝이 없는 것 같다. 가늠할 수 없는 시간을 버텨온 우포늪을 보면서 한 자리를 지켜온 시간에 대해 생각하게 되는데 눈에 보이는 것만이 전부는 아니기에 더 많은 것을 생각하며 살아야 할 것 같다.

하나의 생태계를 이루기 위해서는 어느 것도 불필요한 것은 없을 것이다. 다만 바라보는 관점의 차이일 뿐, 없어져야 하는 것은 아니지 않은가. 각자의 자리에서 살아가고 살아내려고 안간힘을 쓰면 되는 것이지.

나도 가끔은 하루하루를 살아내기 위해 안간힘을 쓰고 있는 것은 아닌가 하고 의문이 들 때가 있다. 이렇게 별거 아닌 것으로 아웅다웅하는 일상사를 어쩌면 죽을 때까지 반복하면서 새로운 것, 더 나은 것, 남이 가지지 못한 것을 좇다가 결국은 옛날이 좋았는데 하는 날이 오지 싶다. 지나온 그 자리를 지키지 못한 것을 후회하며 다시는 되풀이하지 말아야지 다짐하면서도 지금은 그저 현실에 순응하며 살아갈 수밖에 없다는 것이 안타깝다. 이런 생각이 들 때면 오랜 시간을 지켜온 우포늪에 경이를 느낀다.

우포늪의 옹이 지고 휘어진 왕 버드나무는 내리쬐는 태양도 아랑곳하지 않고, 며칠째 쏟아지는 폭우도 건드릴 수 없는 위엄이 있다. 변화된 모습을 탓하기보다는 그대로 내어줄 수 있는 부분이 있음을 감사히 여기고, 그 자리에 있음을 불평하지 않고 받아들이는 것이 내공이라면 내공이라고 할 수 있으려나. 그것이 위엄의 힘이지 싶다.

 오랫동안 한자리를 지키고 있다는 것은 무엇으로도 비교 불가한 아름다움이다. 위협적인 폭우에도 호들갑 떨지 않고 차분히 감싸 안는 우포늪의 여름이 아주 경이롭게 다가오는 날이다.

담장 밑 봉숭아

아이들이 총총걸음으로 마을 길을 걸어가는 모습을 기억이나 할 수 있을까? 시간 여행을 하듯 지난 시간이 아득하다. 해가 바뀌고 내가 체감하는 시간이 흘러갈수록 시골 마을의 시간은 멈춰 버린 듯 고요하고 느리게 느껴진다. 예전에는 아이들의 깔깔거리는 웃음소리와 떼를 쓰는 아이들의 칭얼대는 소리로 요란함이 있었는데 말이다. 이제는 시간도 추억도 늙어가는지 아이들의 빠른 발걸음이 사라진 마을 길에는 느린 걸음을 유모차에 의지해 유모차의 바퀴만 응시한 채 어떠한 호기

심도 느끼지 못하는 느린 기운의 느린 발걸음이 있을 뿐이다. 사람의 목소리가 흘러나오던 집은 여기저기 텅 비어 고요하다. 주인의 손길을 잃은 집은 하루가 다르게 주저앉고 있다. 그러나 그곳에도 생명이 버티기 마련인가 보다. 담장 아래 해를 거르지 않고 피어나는 봉숭아 때문이다. 그래서 지나는 발걸음이 조금은 허전하지 않다.

봉숭아는 삶을 마감하고 떠난 주인의 흔적을 잊지 않으려는 것일까? 변함없이 그 자리를 지키고 있다.

 내가 지켜본 것만 해도 여러 해, 매년 열악한 환경을 탓하지 않고 여름이면 담장 아래 분홍빛 미소로 옹기종기 모여있는 봉숭아를 볼 수 있다. 오고 가는 길에도 이야기가 있어 허함이 덜하다. 그렇다고 젊은 생기가 넘쳐나던 시절처럼 봉숭아꽃을 보고 조잘대는 사람은 없다. 수줍은 듯 분홍빛 환한 얼굴을 한 봉숭아꽃 무리는 간간이 느린 걸음을 옮기는 어르신들의 주름진 얼굴에 미미한 듯 옅은 미소로 지난 시간의 재잘거림을 되뇌게 하고, 가던 걸음을 멈추고, 잠깐이지만 시간 여행을 하게 하는 것 같다.

담장 밑에서 수줍은 듯 환하게 웃음 짓고 있는 봉숭아는 멀리 담장 안의 비밀스러움을 소문내려는 내숭쟁이 같기도 하고, 아무런 말도 들리지 않는 적막함이 심술이 난 것처럼 아닌 척 방글방글하는 것이 오히려 소소한 비밀스러움을 느끼게 한다. 낡고 메마른 담벼락 밑에서도 생명의 온기가 퍼진다.

한 해는 봉숭아의 환경을 바꾸어 주고자 가을에 씨앗을 받아 씨앗이 싹을 잘 틔울 수 있는 곳에 흩뿌려 놓았다. 더운 여름에 물기도 없이 축 늘어져 있는 모습이 안쓰러워 보였기 때문이다. 그러나 쉽게 자라는 것은 쉽게 뽑혀버리는 것일까? 몇 년이 지나지 않아 새로 터전을 잡고 무리를 이루고 있던 봉숭아는 나의 배려에도 불구하고 세력을 잃고 제대로 성장하지 못했다. 도움을 주려고 했던 내 마음과는 상반되게 아무런 도움이 되지 못했다는 것이 맞을 것이다. 그 이후로 나는 지금의 자리를 지키고 있는 봉숭아 무리에 관여치 않는다. 관여할 권리가 있는 것도 아니지만 자연의 힘을 얕잡아본 나의 무지함을 봉숭아가 깨닫게 해 주었다. 이제는 많은 것을 내려놓고 주위에 있는 잡초만 뽑아주고 한해, 한해 보는 재미로 만족한다. 내가 어린 시절을 보냈던 곳과 달리 지금의 마을은 마을 어귀부터 시기마다 예쁘면서도 다양한 꽃이 눈길을 사로잡는다.

그래서일까? 봉숭아꽃이 눈에 띄는 꽃이 되지 못한다. 내가 어렸을 때는 봉숭아꽃이 있는 곳이면 여자아이들이 몰려들어 꽃이 남아돌지 않았는데, 이제는 그런 추억도 공감 능력을 잃고 아는 이에게만 보이는 추억의 꽃이 되어가고 있는 것 같아 조금은 아쉽다.

 봉숭아꽃이 필 때면 소녀들은 너도나도 손톱에 물을 들이고, 첫눈이 내릴 때까지 손톱에 물들여진 분홍색이 남아있기를 기원했다. 그리고 봉숭아꽃물이 손톱에 조금이라도 남아있으면 첫사랑이 이루어진다는 작고 풋풋한 소망을 품었었지. 기억의 저편 흩어져 있는 파편들을 애써 모아본다. 봉숭아 물이 들고 지워지는 시간을 기다리는 그 기다림의 시간을 누릴 누군가가 보이지 않는다. 봉숭아꽃으로도 작지만 소소하게 미소 짓던 그 시간이 아련하기만 하다.

더위가 날이 갈수록 심해지고 있다. 한낮의 열기는 나무 그늘조차도 사람을 머무르게 하지 못한다. 그러나 자연의 힘은 대단한 것 같다. 더우면 힘을 빼고 죽은 듯 버티는 것 같다. 살아있다는 것을 애써 표현하지 않고 주어진 대로 살아가는 법을 사람보다 더 잘 알고 있는 것 같다. 얕은 지식으로 고수의 삶을 옮겨보려고 애썼던 지난 시간이 한심스럽게 느껴진다.

태어난 환경을 탓하며 방황하는 사람과 달리 자연은 있는 그대로 순응하며 자기를 지키는 모습이 정말 대단하다. 주어진 자리가 좋지 않다고 불평하면 무엇이 달라지느냐고 나에게 반문하는 것 같기도 해서 뭔가 마음 한구석이 뜨끔하다. 오히려 '그래야 한다. 그래 왔어'라는 말로 옭아매는 것이 삶을 더 위태롭게 하는 것은 아닐까?

어느 매체에서 건축가가 사람들이 자기에게 자주 하는 질문이 있다고 했다. 그것은 '집은 어떤 땅에 짓는 것이 가장 좋은가요?'란다. 그러면 대답은 '어느 땅이어도 좋다. 사는 사람이 좋다면'이라고 답했다는 말에 매우 공감이 갔었다. 담 아래 척박한 환경 속에서도 해를 거르지 않고 매년 꽃을 피우는 봉숭아가 사람들의 질문에 답해주는 것 같았다.

나이를 먹어도 여전히 잘 모르겠다. 무엇이 좋고 나쁜지를. 다만 불가능하다고 생각했던 것을 누군가는 가능케 하는 힘이 있다는 것을 보면 마음먹기에 달렸지 싶다.

더위가 초절정이다. 그런 더위를 비웃기라도 하듯 봉숭아꽃은 입을 벌리고 헤죽거리고 있다.

산딸기가 익어가는 시간

6월이 되면 농촌 들판은 모내기가 한창이다. 모가 한창 푸르게 자라는 시기가 되면 돌아가신 할아버지에 대한 기억이 잊히지 않고 떠오른다.

내 기억 속 할아버지는 빈틈이 없는 사람, 가까이 다가가기 힘든 사람으로 손녀에 대한 애정 표현이라고 할 만한 것은 찾아볼 수 없었다. 그런데 그 밋밋하고 흐트러짐 없는 할아버지에게서 사람 냄새가 나는 것이 하나 있었다. 그것은 산딸기에 관한 것이다. 이슬이 맺혀 있을 새벽녘, 할아버지가 들에 나갔

다가 집에 돌아오면 어김없이 나의 작은 손에 망개나무잎으로 정성스럽게 싸인 산딸기가 쥐어졌다. 그래서였을 것이다. 나는 산딸기 철만 되면 당연한 듯 할아버지를 기다렸었다. 표현이 서툴러서 그랬을 뿐 하나밖에 없는 손녀에 대한 사랑이 없었을 리 만무했을 테지만, 그때의 나는 할아버지에 대해 손녀를 전혀 생각하지 않는다는 섭섭한 마음뿐 순간순간 슬쩍 내밀었던 산딸기처럼 달콤한 사랑을 알지 못했다. 이제는 그것을 알게 되었다 한들 무슨 소용이 있겠는가? 그렇지만 이제라도 할아버지에 대한 깊은 마음을 헤아릴 정도로 성숙하지 못해서 그랬겠지? 라는 말로 위로받고 싶은 것인지도 모르겠다. 싱싱한 망개나무잎에 산딸기를 넣고 칡넝쿨로 꼼꼼하게 동여맨 것을 풀면 빨간 산딸기가 보석처럼 영롱하게 드러났었지. 망개나무잎을 펼칠 때 풍기는 푸른 시큼한 향은 매번 거부반응으로 다가왔지만, 산딸기를 한 움큼 입에 넣었을 때의 달콤함은 오랜 시간이 지났음에도 불구하고 기억 속에 살아있다. 내가 기억하는 그때의 할아버지는 무표정이라는 가면 속에 미소를 숨기고 있었던 것 같다. 그런 서툰 표현은 손녀에게 속마음을 전달하지 못한 오점이 되어 아련한 아쉬움이 되었다.

이른 새벽부터 들일을 나가셨던 할아버지, 손녀를 생각하며 아침 이슬 맺힌 풀숲을 헤맸을 시간은 지금 생각해 보아도 뭐라 말로 표현할 수도, 대체할 수도 없는 최애의 표현이었지 않았을까.

산딸기를 따다 주시던 기억을 뒤로하고 나는 할아버지와의 마지막을 어쩌면 다른 가족들보다 더 강하게 느껴야 했던 것이 있다. 어려서 그랬을 것이고, 누구나 경험하는 것은 아니어서 그렇지 않았을까 싶기도 하다.

할아버지가 돌아가시고 장례를 치르는 기간이었다. 지금처럼 장례식장이 따로 없는 시절이라 집에서 장례를 치러야 했고, 그 기간도 오일장으로 길었다. 길다면 길고, 마지막이라 생각하면 짧은 시간이지만 산 사람과 죽은 사람이 같은 공간에 있을 수밖에 없었던 그런 시절이었다. 지금은 친정아버지마저 돌아가시고 계시지 않지만, 아버지와 내가 돌아가신 할아버지를 병풍 사이에 두고 아무런 말 없이 멍하니 앉아 있었던 모습이 선하다. 내 기억이 왜곡된 것인지는 알 수 없다. 그런데 나는 그 시간 속에서 자주 헤맨다. 사방은 고요했고, 냄새는 역했다.

모두가 잠든 새벽녘 잠에서 깬 나는 알 수 없는 냄새가 뭔지 몰라 방안을 두리번거렸다. 하지만 내 눈에 들어온 것은 고요한 적막과 함께 상복을 입고 고개를 떨군 채 아무 미동도 없는 아버지의 모습이 전부였다. '아 그렇지, 할아버지가 돌아가셨구나.' 좁은 안방은 병풍이 쳐져 있다는 것 외에 아무것도 달라진 것은 없었다. 하지만 나는 냄새의 근원이 병풍 뒤에서 나는 것임을 직감할 수 있었다. 철없는 아이처럼 역한 냄새가 난다고 아버지께 말할 수도 있었겠지만 나는 그러지 못했다. 그저 말없이 아버지 옆을 지켰다. 그 순간이 많은 세월이 지났지만 잊히질 않는다. 어머니를 일찍 여의고 아버지마저 떠나보내는 상황이 되었으니, 친정아버지의 마음 무게가 무겁게 다가왔을 것이다. 지금 생각해 보니 그때의 아버지 나이 겨우 마흔이었는데 말이다.

할아버지가 떠난 후 3년 상을 치르는 동안 나는 매일 아침 할아버지가 생전에 기거하던 사랑채에 식사를 날랐다. 옷가지 하나 남지 않은 텅 빈 사랑방이 조금은 무섭기도 했고, 할아버지를 떠나보내기 전 나의 뇌리에 강하게 박힌 냄새가 방안 가득 차 있는 것 같아 3년 상을 마칠 때까지도 나는 익숙해지지 않는 냄새의 공포에 시달렸었다. 하지만, 이슬 맺힌 풀숲을 헤집어 오직 손녀가 좋아할 모습만 생각하고 한 알 한 알 산딸기를 땄을 할아버지의 마음이 덧씌워져 상큼한 향을 뒤로하고, 뭐라 설명할 수 없는 어둡고 서늘한 향을 느껴야 했다.

기억한다. 무엇을 기억하고 있는가? 지나간 시간 속에서 나는 무엇을 기억하고 있지? 문득문득 기억하는 것들에 대해 생각이 들 때가 있다. 그러나 나는 지나간 시간 속으로 스며들고 싶은 생각은 없다. 다만 지금을 살아가고 싶을 뿐이니까. 그렇지만 내 의지와는 상관없이 그 시간 속으로 소환될 때가 있다. 나는 그것을 후각적 반응으로 시작하는 것 같다.

다른 사람에 비해 예민하다고 해야 할까? 나는 냄새에 민감한 편이다. 그래서일까? 향수를 좋아하지 않는다. 이런 성향은 나쁜 기억을 소환하고 싶지 않은 나만의 방어 장치인지도 모르겠다. 밋밋한 향은 나를 자극하지 않으니까. 은은한 향을 풍긴다면 상관이 없지만, 코를 자극하고 급기야 뇌리에 박혀 머리가 아플 지경이 되었을 때는 거부반응이 과해진다. 과하다는 것은 뭔가를 가릴 방편이 되었기 때문이겠지. 그래서 내 뇌리를 스치는 것들, 그것은 내가 살아온 날 속에서 파편으로 남아

되살아나기도 한다. 상처가 나도 무슨 일이 있었는지 모를 때가 있고, 바로 아픔을 느끼는 경우가 있듯이 강하게 박힌 파편은 나의 지난 시간 속을 뚫고 문득문득 되살아난다.

하루가 다르게 벼가 짙은 연두색으로 변하는 것 같다. 가까이 가지 않으면 맡을 수 없는 풀 냄새가 난다. 저 멀리 아련하게 할아버지의 모습이 그려진다. 하얀 한복 차림에 짚으로 얽어맨 망태기를 메고 산딸기를 따기 위해 이리저리 가시덤불을 헤매는 할아버지의 모습이 말이다. 그 순간만큼은 미소를 머금은 모습이었겠지. 내 기억 속에 자리하고 있는 할아버지와의 이별의 냄새는 붉은 산딸기의 추억에 감추어져 잊은 듯하지만, 이맘때면 어디선가 사라지지 않는 냄새가 나를 엄습하는 것은 어쩔 수 없는 인생의 나이테와 같다.

시어머니는 미용사

마당 잔디를 깎은 지 일주일이 채 되지 않았는데 벌써 수북하게 자랐다. 장마가 끝나지 않아서겠지만, 잔디가 몰라보게 쑥쑥 자라고 있다. 초록의 잔디를 보고 있으면 더할 나위 없이 좋다. 잔디를 깎아야 한다는 부담감이 없지 않으나, 좋은 것이 더 우위에 있기에 좋을 수밖에 없다. 누리는 만큼 대가를 치러야 한다는 이치를 말해주듯 좋고 싫음이 공존하는 것은 어쩔 수 없나 보다. 그렇지만 빈틈없이 마당을 메우고 있는 잔디를 보면 그 풍성함만으로 위안을 받는다. 왜냐하면, 몇 년 전에

앓았던 탈모의 기억 때문이다.

어느 날 거울 속에는 있어야 할 머리카락이 흔적도 없이 사라지고 오백 원짜리 동전 크기의 여백이 두 군데나 자리하고 있는 것이 아닌가? 어제까지도 보지 못했던 것을 발견한 순간의 참담함이란 이루 말로 표현할 수가 없었다. 처음 경험하는 것이라 더 그랬고 설마 나에게 탈모라니 하는 생각으로 앞이 캄캄했다.

 그래서일 것이다. 빽빽하게 마당을 채우고 있는 잔디를 보고 있으면 몇 년 전 탈모를 앓았던 기억과 대비되는 느낌으로 위안이 된다. 빈틈없이 자기 자리에 있어야 할 머리가 사라지고 보니 당장은 왜 탈모가 생겼지? 보다는 남들의 시선을 먼저 의식하게 되었다. 그래서 남들 눈에 띄지 않게 빈자리를 감출 요량으로 평소에는 하지 않던 머리핀을 꽂고 회사 생활을 이어갔다. 다행히 머리핀으로 감출 수 있는 자리에 탈모가 진행되어 조금은 위안이 되었다.

가족들은 걱정스럽다는 표현 너머로 대수롭지 않은 듯 내 마음과는 달리 재미있어하는 듯했다. 조금은 섭섭한 마음이 들기는 했지만, 탈모는 스트레스에 의해 생기는 것이니 신경 쓰지 말고 마음 편히 지내라는 위로를 받아들였다. 그때의 내 마음은 이루 표현할 수 없이 힘들었다. 원인은 알 수 없으나 현 상황이 힘들다는 몸의 신호라 생각하니 약간의 변화가 필요한 시점이라는 생각이 들었다.

탈모를 앓으며 나를 내려놓으려고 무던히 애썼던 것도 있었지만 시간에 나를 맡겼던 것도 같다. 처음에는 남의 시선을 의식하고 숨기기 위해 애를 썼고, 시간이 해결해 줄 것이라는 믿음 하나로 버티다 보니, 어느 순간 아무렇지 않은 듯 상처는 씻은 듯 아물어 있었으니까.

그 시간 속에는 시어머니와의 작은 추억이 있다.

원래부터 미용실 가는 것을 즐겨하지 않았던 나는 탈모가 진행되고는 더더욱 미용실에 갈 수가 없었다. 왠지 나의 흐트러진 모습을 타인에게 보여주고 싶지 않아서라는 것이 맞을 것이다. 그렇다 보니 혼자서 머리를 자르게 되었고 말 그대로 머리 모양은 엉망일 수밖에 없었다. 그래도 나는 별로 개의치 않았다. 탈모가 되어서 그런지 머리 모양을 생각할 처지가 되지 못했다.

한 번은 시댁을 방문했는데 머리 모양이 예뻐 보이지 않았는지 시어머니께서 "아가 머리 좀 자르자." 하셨다. 아들 삼 형제 키우면서 손수 머리를 잘라주었던 기억이 되살아난 것일까? 평소에도 자주 나를 보면 머리를 잘라주겠다고 하셨지만, 나는 시어머니께 머리 손질을 맡기는 것이 탐탁지 않아 매번 거절했었다. 그런데 그때는 무슨 용기가 생겼는지, 아니면 자포자기 심정이었는지 모르겠지만, 어머니의 청에 순순히 응했다. 어차피 엉망인데 두렵지 않았다.

 아이들이 어릴 때는 부모님 손에 머리를 맡기지만 어른이 된 후는 전문가의 손에 맡기는 것을 당연하게 여긴다. 더군다나 오십을 바라보는 며느리 머리를 팔순이 다 되어가는 시어머니가 잘라준다고 하면 누가 응하겠는가 싶기도 하겠지만 탈모를 앓고 있었던 나는 용기도 필요 없이 그냥 수긍했다.

내가 머리를 자르겠다고 하니 시어머니는 분주해지기 시작했다. 아니 들떠 있었다는 표현이 맞을 것이다. 당신이 얼마나 예쁘게 잘라줄 것인지 염려하지 말라는 말과 함께 시어머니 미용실을 준비하기 시작했다. 집에서 구할 수 있는 보자기, 머리카락이 옷에 묻지 않게 집에 있던 우비며 천을 자르는 제단 가위를 가져다 놓고 나를 의자 위에 앉게 하셨다.

그리고 며느리 머리를 예쁘게 잘라야 한다는 신념 하나로, 어느 미용사보다 진지하게, 요리조리 뱅글뱅글 돌면서 어머님이 좋아하는 머리 모양을 만들어 갔다. 어느 미용사가 그때의 시어머니 모습보다 진지할 수 있을까? 싶을 정도로 심혈을 기울이는 모습이었다.

오른쪽 왼쪽 균형이 무너지지 않게 며느리 머리를 이리저리 훑어보고 또 보고 하는 시어머니의 모습은 어디에도 없었던 행복한 모습이었다. 나는 아무 생각 없이 그저 시어머니께 머리를 맡겼다. 그 옆에 구경꾼이 없을 리 만무했다. 시아버지와 남편은 그저 재미있다는 듯 웃으며 사진을 찍기도 하고 재미있어했다. 하지만 시어머니는 주위의 반응에 연연하지 않고 머리 자르는 것에만 심혈을 기울였다. 오직 며느리 머리를 최고로 예쁘게 잘라야 한다는 마음뿐이었을 것이다.

 결과는 예상을 벗어나지 못했다. 시어머니 눈에만 예쁘게 잘린 머리 모양을 한 나는 직장에서도 놀림 아닌 놀림을 받으며 한 철을 보내야 했다. 그렇지만 나는 기분이 나쁘지 않았다. 시어머니가 그때처럼 즐거워하는 모습을 본 적은 없었으니까. 아이들을 키우며 분주했던 젊은 날로 돌아간 것 같은 착각으로 행복해했던 시어머니의 시간만으로도 좋았다.

남들은 어떻게 전문가도 아닌 시어머니한테 머리를 맡길 수 있었냐고 했지만, 며느리 머리를 자르면서 행복해하던 시어머니의 모습은 아직도 생생하게 잊히지 않는다. 지금도 가끔은 머리를 잘라주신다고 하지만 이제는 미용실에 갔다 왔다고 하고 정중히 거절한다. 이제는 나의 허한 마음의 병이 나았나 보다. 머리 모양에 다시 신경을 쓰고 있는 것을 보니 말이다.

누구나 현대를 살아가면서 탈모를 겪는 것 같다. 스트레스가 병을 가져온다고 하니 마냥 우울하다고 할 것이 아니라 자신을 내려놓을 수 있는 계기를 마련해 보는 것도 좋을 것 같다. 몸이 힘들다고 말을 걸 때는 조금씩 자신의 속도를 조절하는 것도 하나의 방법이지 싶다. 그리고 앞만 보고 달리지 말고 가끔은 쉼의 의미도 돌아보면서 간다면 더 좋겠지.

비 온 뒤 풍성하게 마당을 덮은 잔디를 바라보고 있으니, 지금은 탈모의 상처가 치유되어 과거의 일이 돼버렸지만, 텅 빈 머리를 마주했던 지난 기억 속에도 소소한 추억이 살아있었다는 생각으로 입가에 미소가 스친다.

사라진 네잎클로버 한 잎

나에게 새로운 루틴이 생긴 것이 언제부터 시작되었는지는 잘 모르겠지만, 아마도 내가 네잎클로버를 처음 발견한 순간부터지 싶다.

우연히 마주한 네잎클로버는 나에게 기운을 돋우는 역할을 톡톡히 하고 있다. 잘 모르는 사람은 그런 것으로 호들갑 떨지 말라고 하겠지만, 네잎클로버를 마주한 순간이 참으로 행복하다.

처음 시작은 시간을 보내기 위함이었다. 약속 시간에 일찍 나갔을 때, 아들이 중요한 시험을 치르는 동안, 일이 잘 풀리지 않아 생각이 많아질 때 등, 마음을 안정시키기에는 더할 나위 없이 좋았다. 그렇게 시작은 아무 생각 없이 토끼풀밭에 앉아 하염없이 시간을 보내는 정도였다. 하지만 어느 순간 네잎클로버를 찾고 싶다는 간절함이 더해졌고 토끼풀밭을 그냥 지나치지 못하게 되었다.

그리고 토끼풀이 있는 곳이면 어디라도 가는 길을 멈추고 쭈그려 앉아 클로버잎 수가 다른 것을 찾기 위해 온 힘을 기울이는 내가 있었다. 가끔은 그런 내 모습이 이상한지 '뭐 잃어버린 거 찾느냐'고 묻거나, 가던 길을 멈추고 잠시지만 옆에서 두리번거리다가는 황당한 상황도 벌어진다. 그래도 나는 네잎, 다섯 잎 등 잎 수가 다른 클로버를 찾은 순간을 즐기며 입가에 미소를 머금고 신나게 발걸음을 옮기길 반복한다. 그리고 그것들은 회사던, 집이던 책갈피에 넣어져 아련한 추억의 한 컷으로 스며들어 갔다.

 네잎클로버는 소소한 일상에서 발견의 즐거움을 안겨주고, 무의미하게 지나치는 하루하루를 스쳐 지나가면서 뭔가 다른 것을 희망하게 한다. 그리고 네잎클로버는 나의 작은 탈출구 역할을 하기도 하고 무덤덤한 하루에 작은 기쁨을 가져다준다. 작지만 마음의 빈틈을 메꾸고 어떤 일에 있어 힘을 낼 수 있는 마중물 역할을 하고 있음이다.

그날도 회사 식당에서 점심을 먹고 오는 길이었다. 어김없이 가로수 길에 있는 토끼풀밭을 지나치지 못하고 가던 길을 멈추고 토끼풀을 헤집다 소득 없이 돌아와 사무실 책상에 앉았다. 그리고 문득 지난번에 넣어둔 네잎클로버가 잘 있나 싶어 책장을 펼쳤다. '어, 어디로 갔지?' 이빨 빠진 아이처럼 네잎클로버가 책장 사이에서 모습을 드러내는 것이 아닌가. 그런데 정황상 누군가 한 잎을 떼어낸 것 같았다. 그냥 가지고 가 버렸더라면 내 눈에 들어올 리도 없었을 것이고 나도 별 대수롭지 않게 여겼을 텐데. 한 잎만 사라진 것을 보면 의심하지 않을 수 없었다. 누군가 불순한 마음으로 훼손한 것 같은 느낌이 들어 순간 기분이 묘했다. 뭐 다음에 또 다른 것을 찾으면 되지 싶다가도 마음 한구석은 누군가 나의 행운을 시기하나? 하는 조금은 의심스러운 마음이 스멀스멀 올라왔다.

'아닐 거야 어딘가 떨어져서 내가 보지 못했겠지!' 하고 마음을 다잡아 보았다. 그러나 그것도 잠시 시간이 지날수록 자꾸만 나를 자책하는 마음으로 머릿속이 복잡해졌다. 아무리 생각해 보아도 네잎클로버 한 잎이 그냥 사라질 확률은 없었기 때문이다.

마음이라는 것이 이렇게 갈팡질팡할 수 있는 것일까? 색다른 무언가를 찾았다는 것에 행운을 기대했던 것도 잠시 그것이 훼손된 것을 두고 이렇게 잡념에 사로잡혀 있는 나를 보니, 아무것도 아닌 것을 가지고 이러쿵저러쿵 휘둘리는 내 모습이 내심 실망스러웠다.

그럴 때가 있다. 마음이 지치고 힘들 때, 그리고 뭔가를 간절히 원할 때 내가 의지하고 싶은 다른 뭔가가 내 의지와는 상관없이 생기는 것 말이다. 아마도 그것이 나에게는 네잎클로버를 발견한 순간이었던 것 같다.

하루하루 내 삶의 궤적을 그려가다가 보면 왠지 모를 공허함이 문득, 몰려올 때가 있다. 그 공허함은 어쩌면 제일 행복한 순간일 수 있다. 하지만 그것을 당연하게 받아들이지 못하는 마음으로 인해 무언가에 의지하고자 모든 나의 촉을 동원하는 때의 헛수고 말이다.

 평범함을 당연한 듯이 받아들이고 색다른 무언가에 의지하고

자 하는 마음, 그런 마음이 불쑥불쑥 일어나는 것이 나만의 문제는 아닐 테지만 감사하게도 네잎클로버는 나의 그런 걷잡을 수 없는 불안한 마음을 조금이나마 통제하는 역할을 하고 있었지 않았나 싶다.

사라진 네잎클로버 한 잎이 나의 머릿속을 뒤흔들어 놓았다고 생각하니 큰 행운을 바란 것은 아니었지만, 그날그날 네잎클로버를 찾은 순간에 미소 지었던 내 모습이 겹쳤다. 가진 것으로 인해 또 다른 불안을 안게 된다면 모든 것은 내 생각과 내 마음이 머무는 곳, 그곳에 있을 것이다. 그것은 눈으로 보고, 손에 쥐어야만 행운을 얻을 수 있다는 착각에서 만들어진 또 다른 불안의 창조물이 아닐까 해서 씁쓸하다.

더 많은 것을 소유하려 움켜쥘수록 빠져나가는 모래알처럼 내 손아귀에서 빠져나간 모래알을 아쉬워하기보다는 내 곁에 있었던 그 순간을 바라봐 주는 여유가 필요한 것은 아닐까 싶다. 한편으로 생각하면, 사라진 네잎클로버 한 잎이 나에게 잠시나마 불안감을 주기는 했어도 마음의 평정심을 찾는 행운을 선사한 것 같아 다행스럽다.

여백의 가치

평범한 것이 가치가 없다고 생각한 적이 있었다. 뭔가 특별해야만 있어 보이고 특별하지 않으면 무시해 버리는 그런 것, 나만 그런가? 그래서일까. 평범한 것이 싫어, 나름의 서사적 궤적을 그리기 위해 도전하고 또 도전하며 스스로 다그치기도 했었다. 그런데 돌이켜보면 부질없고 보잘것없이 여겨졌던 것들이 내 삶을 지탱하고 있는 지지대가 되었다. 그것은 세월이라는 시간과 함께 켜켜이 쌓이고 쌓여 서사라는 퇴적층을 만들어 나를 단단하게 만들어 놓았다. 문득 나는 누구인가?

라는 의문이 든다.

중학교 시절 문학을 사랑하는 교감 선생님이 계셨는데, 전교생을 대상으로 글짓기 대회를 자주 열었다. 그때 생각나는 글의 제목이 하나 있는데 '나는 누구인가?'였다. 한창 사춘기 시절이었으니 무슨 내용을 썼는지는 기억에 없지만 나름 내면을 잘 표현했는지 대회가 끝나고 교감 선생님께 칭찬받았던 기억이 난다. 그때의 나는 나를 어떻게 표현했을까? 아주 궁금하다. 이럴 때는 나도 나를 모르겠다는 말밖에 표현할 길이 없으니 안타까울 따름이다.

타인의 시선을 의식하지 않고 오롯이 나로 살아간다는 것은 대체할 수 없는 어려움이 있다. 인간은 사회적 동물이라 혼자는 살아갈 수 없기 때문이라지만, 순간순간 드는 생각이 나는 나인가? 하고 묻고 있다. 대답은 언제나 긍정적이지 못하다. 보이는 것이 전부는 아닌데, 그렇다고 모든 것을 보여 줄 수도 없는 것이 아닌가. 그래서 살아가는 것은 하나하나가 아이러니한가 보다.

내 나이 오십, 공자는 지천명이라 하여 쉰에 하늘의 명을 알았다는데 나는 여전히 '나는 누구인가?' 라는 원론적인 의문 앞에 멈춰 서 있다.

나는 오늘도 무엇보다 남이 아닌 진정한 나의 모습으로 살고 싶다. 그렇지만 현실 앞에 무너져 내리는 나를 발견한다. 나는 절대 남을 의식하지 않을 테야 하지만 또 다른 내 마음은 상처를 입고 괴로워하고 있다. 나는 나로 사는 것이 처음이고 다른 이들도 그들의 삶을 처음 살아 보는 것이지 않은가. 그런데 무엇이 우리를 다른 것이 아닌 틀린 것으로 치부해 버리고 상처를 주고받고 하는 것인가 말이다. 조금만 뒤로 물러서서 그럴 수도 있지, 하는 순간을 받아들일 마음의 틈을 허용한다면 훨씬 나은 관계가 될 텐데. 사춘기도 아닌 이 시점에서 나를 돌아보고 조금은 나를 이해하려고 하는 시간을 가지게 된 것을 나는 긍정적이라고 본다. 어쩌면 나를 좀 더 이해하는 계기가 된 것도 같아서다. 나를 알아야 상대를 알 수도 있을 테니 말이다. 나는 아직 하늘의 명을 알지는 못한다. 그러나 부족하지만, 현재의 나로 잘 살아가고 있고 앞으로도 완벽하지는 않지만 평범하게 나름의 나만의 서사를 써 갈 것이다.

코로나 19 탓에 서로 마주하고 대화를 나누는 시간보다 멀리서 바라보는 시간이 더 일상화된 삶 속에서 살아가야 하는 만큼 나를 먼저 이해하고 세상에 발걸음을 내딛는 것이 내 마음에도 상처가 덜 남을 것 같다. 그리고 매사에 내 탓이려니 하는 것도 좋은 것은 아니지만 '너 때문이야'가 아닌 혹시 나에게 문제가 있는 것은 아닌가 하고 에둘러 생각해 보는 마음의 여백을 가져 보는 것도 좋을 것 같다.

용선대

화왕산 품에
꼭 안긴 관룡사
천년의 세월
절벽 아래로 펼쳐진
변화무상한 풍경 속 세상
무슨 말이 필요할까?
다 안다는 듯
무심하기만 하다.

용선대에 오르니
아!
창녕에 용선이가 살지.
용선이가 생각난다며
무심한 듯
오랜만에 걸려 온 전화

세월도 비켜 간
그리운 목소리.

한 가지 소원은 들어준다는 데
반가운 목소리에 묻히고
간절히 빌었던 소원
석조여래좌상의 자애로운
미소에 묻혀 미련 없이
세상 속으로
걸어간다.

3부

아픈 기억의 뒤란을 나와

행복이란 잡으려 하면 멀어져 가는 얄미운 존재 같다. 그런데 가만히 생각해보니 행복은 내 안에 내 곁에서 '나 여기 있어.'라고 알아주길 기다리고 있었다는 생각이 든다. 모리스 마테를링크가 쓴 아동극에서 '틸틸과 미틸'이 그렇게 간절하게 찾던 파랑새처럼 멀리 있는 것이 아니라, 가까이 있었다는 것을 아는 것이 힘이지 싶다.

- 「행복의 의미」 중에서

차가운 기억의 골짜기 - 우포늪의 겨울

내 시선과 내 생각이 머무는 곳은 어디쯤일까? 지나온 기억 속, 현재, 아니 어쩌면 다가올 그 어느 순간, 그중 나는 어디쯤 멈춰 설까?
사람마다 다르겠지만 좋았던 기억보다는 아픈 기억 속에 자신을 가둬두려 하는 것 같다. 아물었던 상처가 덧나면 이전보다 더 자신을 괴롭힌다는 것을 알면서도 세월이 약이 되지 못한 채 되새김질을 멈추지 못하는 것을 보면 말이다.
팔순이 넘은 시어머니는 힘들었던 지난 시간을 목구멍으로 넘기지 못하고, 소가 여물을 되새김질하듯 쉼 없이 늘어놓는다. 시간이 약이라고 했건만, 시어머니의 기억은 놀라울 정도로 생생하다. 그래서 더 아프다. 시어머니가 지나간 시간 속에서 벗어나지 못하고 끊임없이 보내는 신호는 시간이 갈수록 엷어지기는커녕 가족들의 감정선만 위태롭게 넘나든다. 그래서일까 시어머니의 기억 속에서 새록새록 솟아올라 입을 통해 반복되는 되새김질은 안쓰러움을 넘어 가족들에게 또 다른 상처를 덧씌운다.

곁에 있는 사람의 마음을 생각하지 않고 오직 자신의 감정에 충실할 수 있다는 것은 불편하기도, 부럽기도 한 것이 양가감정이 느껴진다. 내 경우만 보더라도 잊고 싶었던 과거의 시간을 지우고 새로운 내 모습으로 단장하고자 하는 마음이 간절했지만, 생각만큼 쉽지 않았다. 그래서 더 실체 없는 기억 속을 탈피하고자 가면 아닌 가면을 쓰고 살았다. 그런데 가면 쓰는 것을 거부하고 자신의 감정에 충실하게 행동하는 시어머니의 모습은 너무 싫으면서도 한편으로는 내가 바라는 그런 모습은 아닐까 싶기도 하다. 수없이 많은 말들이 지금도 내 귓가를 맴돌지만, 무슨 말인지 알 수가 없다. 아니 알려고 하지 않을지도 모르겠다. 시어머니의 입속에서 무한 반복되는 실체 없는 말들이 허공을 맴돌 뿐이다.

통제할 수 없는 기억의 늪이 서로를 움켜쥔 채 헤집고 있다는 것은 비극적 아이러니다.

누군가에게 남겨진 생채기가 아무는 시간은 얼마나 걸릴까? 아마도 그 시간은 존재하지 않을지도 모르겠다. 가족을 위해 자신의 모든 것을 써 버렸다는 생각이 들 즈음, 채워지지 않는 허함은 무한 반복되는 말로 세상 밖 구경을 나오지만 안타깝게도 누구 하나 귀 기울이려 하지 않는다. 오히려 힘들었던 당신을 봐 달라는 애원에도 함구하는 가족들의 모습을 보게 되어, 또 다른 생채기가 생길 뿐이다.

타인의 삶을 마주하는 것과 달리 지나온 흔적을 가족과 마주하는 것은 같을 수가 없는지 맞장구가 쳐지지 않는다. 누구에게나 한사코 뒤돌아가고 싶지 않은 어느 날이 있기 때문일 것이다.

가끔은 내가 알고 있는 것이 맞는가 하는 의문이 든다. 기억하고 싶은 것만 기억하고 때로는 모두가 아는 정형화된 모습이 아닌 내가 아는 것들을 모아 하나의 퍼즐을 완성하기 때문이다, 그래서 더 가까운 이들과의 불협화음을 낳게 되는 것은 아닐까?

내 기억 속의 늪은 한번 들어가면 빠져나올 수 없는 곳이라고 생각했다. 늪이 주는 의미는 체념이었으니까. 그런데 실제 우포늪에서 바라본 풍경은 평온하기만 했다. 헤어 나올 수 없는 곳이 아니라 머무는 곳이고, 아픔이 있고 고통이 있는 곳이 아니라, 그저 하나의 생명이 살아가고 있는 곳이었다. 차가운 얼음 속에서도 평온을 유지하며 겨울을 나고 있는 철새의 모습은 그냥그냥 지나가는 하루의 모습이었다. 그렇다면 기억의 늪에서 허우적대기보다는 기억의 늪에서 유영하는 법을 터득해나가는 힘을 길러야 할 것 같다.

아픈 기억은 흔적을 남기지 않고 사라지게 할 수 없고, 어딘가 아픔이라는 단어를 써버린 순간 지우개로 지워도 자욱이 남는 것처럼, 거스를 수 없다면 즐기라고 하지 않았던가. 즐기지는 못하더라도 늪이 주는 의미를 다시 한번 되새기며 허우적대는 자신을 다잡아 본다면 조금은 안정을 찾을 수 있지 않을까 싶다.

평생 맞춰지지 않는 퍼즐 한 조각을 찾기 위해 광활한 늪을 헤집고 다니지만, 여전히 그곳에서 허우적거리는 자신을 마주할 것이다. 그러니 지난 기억을 억지로 소환해서 되새김질하기보다는 그냥그냥 오늘을 덧씌우며 사는 것도 괜찮을 것이다. 어쩌면 내가 그렇게도 찾아 헤매던 퍼즐 조각이 오늘도 곱씹으며 되뇐 기억 속에 있을지도 모를 테니.

시어머니의 어긋난 퍼즐 조각들이 늪 속에서 허우적거리고 있다.

병들지 않는 외로움

보이는 것이 전부가 아니다. 화려한 겉모습에 매료되어 진실을 외면하고 놓치는 경우가 다반사다. 그러나 보이지 않는 것까지 생각하며 산다는 것은 여간 힘든 일이 아니다. 놓치고 난 후의 몫은 오롯이 나의 몫이 되니까.
작년 가을에 심어 놓았던 상추가 6월 초인데도 싱싱하게 자라 밥상을 풍성하게 하고 있다. 상추 씨앗은 작다 보니 땅에 흩뿌리면 빽빽하게 싹이 튼다. 강한 것은 자리를 차지하고 쑥쑥 자라지만 그렇지 못한 싹은 틔웠으나 힘센 상추 곁에 붙어서

헤어날 날만 대기하다 빛을 못 보고 소멸하거나 궁둥이를 바짝 붙이고, 늘씬한 뿌리를 늘어트린 모양새를 하고 성장이 빠른 상추 사이에서 자란다.

상추씨가 흩뿌려진 자리에 무더기로 싹이 트다 보면 상추 씨앗 사이 쟁탈 전이 벌어질 법도 하건만 그런 것은 없다. 포기하지 않으면 살아남는다는 것을 보여주듯 자리매김한 상춧잎 밑에서 숨죽이고 있다가 기회가 오면, 기회라는 것이 그럴듯한 것도 아니다. 먼저 자란 상추가 밥상에 오르고 나면 덜 자란 상추가 자랄 공간을 부여받게 되어 기회라면 기회를 얻은 것인데 좀 아이러니하다. 옮겨진 상추는 언제 그랬냐는 듯 잘 자란다.

매년 마당 한 켠 작은 텃밭에 상추를 심어 식탁에 올린다. 대부분 봄에 씨앗을 뿌려 더위가 절정에 닿기 전까지 먹지만, 겨울을 지나 조금 이른 봄에 상추를 뜯어서 먹기 위해 가을에 씨앗을 뿌리면 겨울을 지나며 얼었다 녹았다 반복하여 힘을 키운 싱싱한 상추를 맛나게 즐길 수 있다. 상추는 복을 싸 먹는 거라고 했던가? 올봄 정말이지 복스럽게 복스러운 상추를 맛나게 즐기고 있다.

이제껏 아무 생각 없이 상추를 뜯어 먹다가 어느 순간 문득, 튼실한 상추 뿌리 옆에 자라고 있는 나약한 상추가 눈에 밟혔다. 이제 성장 시기가 마무리되는 시점이라 살면 살고 죽으면 그만이지 싶은 마음에 체념하듯 자리를 옮겨 심어 놓았더니 예상 밖의 성장 속도를 보이며 상추가 복스럽게 자랐다. 언제 내가 죽을 것 같았냐는 듯 싱싱하게 자라는 상추를 보니 감탄이 절로 나왔다.

 주어진 환경에 굴하지 않고 아무런 불평 없이 있다가 또 다른 기회가 찾아오면 그것 또한 아무런 불평 없이 받아들이는 내공, 나에게도 그런 내공이 있다면 순간순간 좀 더 나은 판단을 내리지 않았을까 싶은 마음이 들었다.

남들과 똑같이 출발해도 이런저런 이유로 뒤처지거나 손해 보는 것 같은 느낌이 들 때, 삶에서 보잘것없어 보이는 상추지만 그 짧은 생존 기간 속에서 성장하는 모습은 본받을 만하다. 그리고 이런저런 이유로 남 탓하고 환경 탓하는 것이 다반사인 인간사를 사는 나의 모습을 잠시 잠깐 돌아보게 했다.

누군가로 인해 내 삶이 풀리지 않는다고 여겨질 때 우리는 어떤 마음을 가지는 것이 옳을까? 솔직히 모범답안은 어디에도 없는 것 같다. 다만 내 마음이 움직이는 대로 움직이는 것이 정답이라 여겨진다.

살아보니 세상은 내 뜻대로 되지도 않을 뿐 더러, 내 뜻대로 되어서도 안 된다고 생각된다. 왜냐하면 모든 사람이 자신의 바람대로 이루어지는 삶을 산다면 어느 순간 얽히고설켜 뒤죽박죽 엉망인 세상이 펼쳐질 것이 뻔하기 때문이다. 그래서 조금 억울한 면이 있더라도 다음 기회를 노리고 묵묵히 자신의 자리를 지킨다면 언젠가는 빛을 발할 순간이 온다고 믿는다. 아니 믿고 싶다. 그래야지 어느 순간 잘못 내린 판단으로 힘든 순간이 오더라도 조금은 마음의 위안이 될 테니까.

나는 가끔 병들지 않는 외로움에 대해 생각한다. 누구나 외롭다. 누군가와 함께 있어도 외롭다는 생각이 들 듯, 외로움이란 오롯이 나의 것이기 때문에 누군가로 채워질 수 없는 것 같다. 그래서 그 외로움과 어떻게 내가 공존하면서 살아가느냐가 중요한 것 같다.

외로움을 이기는 처방전은 어디에서도 구할 수 없는 것 같다. 순간의 외로움을 모면하기 위해 쓴 잘못된 처방전은 오히려 나에게 독이 될 수 있음이다. 어쩌면 나는, 우리는 외롭지 않기 위한 처방전을 찾아 끊임없이 치열하게 살아가고 있는 것은 아닐까? 혼자 힘으로 벗어날 수 없지만, 햇빛을 볼 기회가 언제가 될지도 모를 긴 시간을 버텨온 상추처럼 다행히 빛을 볼 수 있어 다행인지 아닌지는 모르겠으나 나의 눈에 비친 상추의 생존 모습은 끈기 있어 보였고, 긴 외로움의 시간을 버텨온 승리자처럼 느껴졌다.

삶이란 완벽할 수 없고, 그 완벽하지 못함으로 인해 스스로 외로운 싸움을 지속하는 것 같다. 그리고 그 빈틈을 메우려는 치열함 속에서 외롭고 지친 자신을 들여다보게 되고 위로하고 격려하며 불확실한 미래를 영위하는 것이 아닐까 싶다.

소나무를 그리다

어마어마하다고 해야 할까?
시간이 갈수록 기하급수적으로 늘어나는 병든 소나무를 보고 있으면 마음이 아프다. 어제의 푸르름은 온데간데없고, 누군가 장난질을 쳐놓은 것처럼 붉게 물들어가는 소나무가 처음에는 먼 산을 보며 숨은그림찾기 하듯 찾아야 보였는데 이제는 찾지 않아도 고개만 들면 보일 정도로 내가 살고 있는 주변을 에워싸고 있다. 오랜 세월 사시사철 푸르름의 대명사로 누구도 부정하지 않을 한결같음으로 우리 곁을 지켜왔는데 그 시간이 무색하게 하루하루 아니, 그보다 더 빠르게 고사하고 있다.

한동안 지역 사회에서도 병든 소나무 방재에 예산을 투자해서 더 이상의 소나무가 고사하지 않도록 막아야 한다고 하더니, 이제는 지자체에서도 손을 놓았는지 방제하는 것도 보이지 않는다. 기후가 변하는 만큼 사라지는 것에 대해 당연하게 여겨야 한다는 것이다. 그리고 소나무는 이제 이곳 경남 지역에 맞지 않은 수종이라는 것이다. 사라져도 어쩔 수 없다는 것인데 할 말을 잃게 만든다.

긴 세월 푸르름을 유지해 온 그것이 제 딴에 못마땅해 멋 내기 염색이라도 한 것이라면 좋으련만, 멋 내기가 아니라 불치병을 앓고 있다고 생각하니 너무너무 가슴 아프고 안타깝다. 내가 사는 창녕을 기점으로 산에는 소나무가 많다. 어릴 적 뛰어놀던 뒷동산에도 우람한 소나무가 곳곳에 우뚝 서 있었다. 지금처럼 더운 여름이면 어른, 아이 할 것 없이 소나무 밑에 모여 더위를 식히곤 했다. 그렇게 소나무는 사계절 우리 곁에서 벗도 되고 목재며 땔감이며 무엇 하나 버릴 것 없는 존재였다. 그런데 그 소나무가 병들어가고 있다. 소나무재선충의 습격으로 더이상 방재는 힘들고 치료할 수 없을 정도의 기하급수적인 증가로 이제는 그냥 손을 놓을 수밖에 없다고 한다. 내 마음속 소나무는 존재하는 것만으로도 고풍스럽고 위엄이 느껴지는 그런 존재였는데, 이제는, 이제는 과거로 기억될 날이 머지않은 듯하다.

몇 년 전 그림 그리는 것에 잠깐 몰두하던 때가 있었다. 색연필 그림을 그렸었는데 그림을 그리고 있으면 잡념을 없애고 그림에 나를 투영하는 효과를 낼 수 있어 스트레스 해소에 좋았다. 그때 나는 소나무를 자주 그렸다. 소나무 질감에 묘하게 매료되어, 겉껍질 하나하나 그리는 재미로 한동안 마음의 안정을 얻었었다.

 덕지덕지 붙어있는 소나무의 겉껍질은 불규칙하면서도 규칙적이고, 다른 나무에 비해 화려한 꽃이 피는 것도 아니지만 나무 자체가 주는 묘한 매력은 한동안 못 그리는 실력이지만 그림에 빠져들게 했다. 소나무를 그리면서 색감을 선택하다 보면 단순하게 생각했었던 것과 달리 다양한 색깔이 보였다. 하늘색, 붉은색, 노란색, 검은색, 등 여러 가지 색을 덧칠해도 무난한 느낌이 나는 소나무 그리기는 눈에 보이지 않던 나무의

색을 찾는 재미가 쏠쏠했다. 그렇게 소나무를 그리면서 알게 된 것이, 소나무는 혹독한 겨울 추위에도 항시 푸르름을 유지하고 있다는 그 푸르름만 생각했었는데 다양한 색을 머금고 있다는 것과 두드러지게 노출하지 않으면서 항상성을 유지해 온 그 기개가 놀랍게 다가왔다.

인적이 느껴지지 않는 새벽 시간 안개가 짙게 드리워진 숲을 그린다. 세상의 시간이 멈춘 듯 고요하다. 가만히 귀 기울이고 있으면 새들의 지저귐 소리가 나지막하게 들린다. 아무도 없는 숲길을 헤매고 있는 듯, 아닌 듯 몽환적인 풍경은 보는 이의 마음을 숙연하게 한다. 그리고 불규칙하게 뻗은 굽은 가지, 그 껍질에 새겨진 주름은 전혀 이질감이 느껴지지 않는다. 오히려, 곧게 뻗어 있는 가지보다는 뒤틀리고, 옹이진 모양새를 하고도 우람하고 굳건한 자태를 뽐내고 있다는 것은 무엇으로도 흔들림이 없어 보이고 세월의 고단함이 아닌 세월을 긍정적으로 버텨낸 힘을 느끼게 한다.

연일 최고 기온을 갱신하며 기록적 무더위가 기승을 부리고 있다. 몇 년 전까지만 해도 잠깐잠깐 에어컨을 켜고 살아도 무난했는데, 이제는 하루 내내 에어컨 없이 살 수 없는 여름나기가 되었다. 이렇게 사람도 살기 힘든 환경이 되어가고 있으니, 자연의 변화는 당연하겠지? 그러나 아직은 그 변화가 당연하게 자연스레 느껴지지 않아 당황스럽다.

차를 타고 지나치는 산 곳곳이 온통 푸르름으로 가득해야 할 시기건만, 폭탄을 맞은 듯, 붉게 물들어간다. 점점 더 심해진다. 가을도 아니다. 지금은 여름이다. 단풍으로 유혹하는 그런 소나무도 아니다. 소나무는 어떤 환경에도 굴하지 않고 푸르름을 간직한다고 믿었다. 아니 그랬다. 그런 그 믿음이 부정되고 있다. 누군가 장난으로 그림 속 색감을 잘못 칠해 붉게 물들었다고 아니면 멋 내기 한 철을 즐기고자 붉게 염색한 것이라고 얘기해줬으면 싶다. 그러나 그런 간절함을 뒤로하고 이제는 현실을 받아들이고 적응해야 할 시기가 왔음이다. 탄식이 절로 난다.

요즘 들어 집에 앉아서 앞산을 자주 올려다보게 된다. 병들어 가는 소나무 숫자가 늘어가는 모습에 탄식이 절로 나지만, 소나무를 그리며 감탄에 빠졌던 그 시절을 잠시 잠깐씩 떠올리며 푸르름으로 가득했던 지난 시간 속 상상 여행으로 위안을 삼는다.

모든 것은 변한다. 다만 변하지 않을 것이라 믿고 싶을 뿐이다.

안개가 자욱한 날에

출근 시간이 다른 사람보다 조금 이른 편이다. 정규 출근 시간은 아니지만, 일찍 출근하는 것이 습관이 되다 보니 이제는 나만의 이른 출근으로 고착이 되어 바꿀 수가 없게 되었다. 남들이 뭐라 하든 나만의 규칙 속에서 살고 있다는 것은 능동적으로 살아가고 싶은 나만의 욕구에서 비롯되지 않았나 싶다. 그리고 남들과 달리 빠르게 출근하는 출근길은 분잡하지 않고 지금처럼 해가 짧은 계절의 아침은 어둠과 안개와 더불어 주위가 단조롭고 여백으로 가득 차 있어 오롯이 나에게 집중할 수 있다는 장점이 있다.

 오늘따라 현관문을 여는 순간 어둠이 앞을 막는다. 거기다 가을의 막바지이기도 하고 겨울의 초입에 접어드는 시기여서인지 높은 기온 차로 안개까지 자욱하다. 자욱한 안개를 뚫고 출근하는 것이 운전하는 데 어려움은 있지만 나름 낭만적인 분위기로 하루를 시작하는 이점이 있다.

집에서 회사까지 차로 십 분 남짓해 낭만이니 운치니 하는 기분을 운운할 거리는 아니다. 그러나 남들보다 1시간 넘게 이른 출근으로 누리는 그 순간만큼은 온전히 나만의 시간이라는 것이 나에게 피로도 잊은 채 일찍 출근길에 나서게 하는 힘이 되지 않나 싶다. 그래서 오늘처럼 안개 자욱한 시골길을 달리는 기분은 뭐라 형용할 수 없는 나만의 기쁨이고 나에게 덤으로 주어진 시간이다. 안개 낀 늦가을 새벽길을 달리는 기분은 전날의 피로도 잊게 하는 묘약이 된 셈이다.

회사로 가는 초입에는 인력사무소가 하나 있다. 인력사무소 앞에는 건널목과 신호등이 있는데 회사에 가기 위해서는 좌회전 신호를 꼭 받아야 한다. 그렇다 보니 인력사무소 밖에서 대기하고 있는 사람들의 모습이 내 눈에 남는 것은 당연하다.

농번기의 끝자락이지만 여전히 들녘은 분주하다. 여느 때와 다름없이 일손이 필요한 곳에 인력을 지원하려는 인력사무소가 바빠 보였다. 한편에는 국적이 다양한 남성들이 일자리를 찾아서 옹기종기 모여 있는 모습이 보였다. 아침 기온이 낮아진 탓인지 모두 두꺼운 옷을 목까지 여미고, 안개인지 담배 연기인지 모를 것들 사이로 여명이 피어오르길 기다리는 모습이었다. 그리고 반대편에는 한 무리의 여성들이 무리 지어 서 있었다. 농번기에는 일할 사람을 모아서 버스로 이동하기 때문에 이른 아침의 빈번한 풍경이다.

챙 넓은 모자를 눌러쓰고 거기다 마스크까지 한 여성의 모습은 자욱한 안개 속에서 흐릿해 보이기는커녕, 차창 밖으로 보았다고 느껴지지 않을 정도로 강하게 내 시선을 사로잡았다. 고단한 하루의 시작을 짙은 안개로 가릴 수 없는 만큼 진한 눈 화장으로 덮고 싶지 않았을까 하는 내 마음이 어느 순간 그녀들이 눈화장을 진하게 했을 것이라고 단정 지어 버렸다. 사실 그녀들이 눈 화장을 했는지는 모를 일이다. 차창을 사이에 두고 스쳐 지나며 그렇다고 느끼고 싶었던 것이었을 수도. 그렇게 나에게는 얼굴 전체를 본 듯 진한 눈 화장을 한 듯 눈매가 강하게 다가왔다. 아마 안개가 짙게 내린 날이어서 그러지 않았을까? 내가 느끼는 것이 진실인 것처럼 고집하게 되는 그런 날이었다. 모든 내 마음을 안개 탓으로 돌려도 아무도 항의하지 않을 것을 알기에 마음이 가는 대로 받아들였다.

강한 눈매라면 생동감이 있었을 텐데 예상과 달리 짙은 안개 속에 서 있던 여인의 모습은 왠지 모를 고단함을 감추고픈 마음이 역력해 보였다. 여인의 마음은 새벽의 여백을 즐기는 나에게 들켜버린 것 같았다.

가까이서 보지 않으면 시야 확보가 어려운 짙은 안개 속에서 마주한 여인들의 모습은 안개가 걷히면 따라서 사라질 것처럼 아련해 보였다. 매일매일 반복된 일과지만 일할 곳이 정해진 사람과 달리 그날그날 일이 주어진 곳을 찾아가야 하는 고단함은 무엇으로 비교할 수 있을까? 그러나 살아가기 위해서는 쉴 수 없고, 오늘 하루지만 일거리가 있다는 것만으로 길을 나서야 하는 고단함은 자신의 몫이기에 앞이 보이지 않는 안개 속에서도 눈을 크게 뜨고 있어서 내 눈에 강하게 다가오지 않았을까.

코로나 팬데믹을 거치면서 처음 만나는 사람의 민낯을 보는 것이 쉽지 않다. 첫 만남부터 마스크 쓴 얼굴로 마주하게 되었고, 그렇다고 보자마자 마스크를 벗어보라고 할 수도 없는 노릇이라 마주한 사람의 얼굴은 짙은 어둠에 가려진 듯 낯설게 다가왔다. 하지만 가리면 가릴수록 더 돋보인다는 것이 있기 마련, 그것은 눈인 것 같다. 얼굴 전체를 보지는 못하지만, 마스크로 가려지지 않은 눈은 오히려 그 사람의 민낯보다 더 그 사람을 얘기한다.

눈은 자신을 속이지 못하게 하는 솔직한 그 사람인 것 같다. 그렇다면 마스크로 생활한 그 시간 속에서 내 눈은 어떤 마음을 상대방에게 드러내고 있었을지 조금은 아득하다. 그래도 나는 사람을 볼 때 상대방 눈동자의 움직임에 집중하는 편이다. 얼굴은 변화를 줄 수 있지만, 눈은 나를 속이지 않을 것이라는 생각이 들어서다. 눈은 그 사람의 마음을 숨김없이 드러내 더 눈에 집중하는 것인지도 모르겠다. 여전히 코로나 이전보다 마스크 쓰는 사람이 많은 만큼 눈으로 상대를 인지해야 한다는 것은 불편하고 힘이 든다. 어쩌면 자신의 힘든 얼굴을 숨기기 위해 마스크를 고집한다면 한번 생각해 봐야 할 것 같다. 나 같은 사람을 만나면 오히려 내면을 들키는 역효과가 날

수도 있으니 말이다.

모든 것이 뚜렷하게 내 눈에 보이는 시간이 아닌 조금은 가려진 듯, 보일 듯, 말 듯 한, 시간은 내가 살아있다는 느낌이 들게 한다. 누구에게나 힘든 시기가 있고 애써 드러내고 싶지 않은 무언가가 있겠지만 주어진 삶 속에서 한 걸음 한 걸음 걸어가다 보면 한 치 앞도 보이지 않던 안개가 사라지고 환한 아침 해가 밝아오듯 그런 날이 온다는 것을 믿는다. 매일 반복되는 회사 생활이 지겹고 힘들다가도 하루하루 일자리를 찾아 나서는 일용직 사람들을 마주하면 또 배부른 투정이라는 생각으로 간사한 내 마음을 뒤돌아보며 마음을 다잡아본다.

자욱한 안개 속에서 혼자인 듯 막막함에 두려움이 엄습했던 시간도 잠시, 훤한 아침이 우리를 기다린다는 사실만으로도 또 하루를 시작해 볼 의미가 있지 않으랴.

시간이 돈

언젠가부터 시간을 돈으로 환산하는 내 모습이 보인다. 아마 나와 같이 일하는 사람들 대부분이 시급을 받아서 그럴 수 있다는 생각이다. 차를 한 잔 마셔도 시급으로 환산하게 되고, 사고 싶은 것이 생겨도 얼마나 많은 시간을 일해야 가능한가 하고 머릿속은 바쁘다.
해마다 근로자들의 최저시급이 책정된다. 그러면 사업을 운영 중인 남편은 인건비가 오르므로 해서 힘든 것들이 많이 생긴다고 염려한다. 하지만 다른 회사에서 월급을 받는 나로서는 그렇게 많이 받는다고 체감하지 못하기에 공감하지 못하는 부분이 있다.

저녁이면 일찍 집에 와서 가족과 같이 저녁도 먹고 한가하게 여유도 즐겨야지 하지만, 현실은 녹녹지 않다. 저녁 늦도록 일하고 지친 몸을 이끌고 집으로 향하는 사람들 속에 있으면서 생긴 나의 일상이다. 그래서 어느 순간 나는 어디를 바라보고 어디에 시선을 두어야 할지 길을 잃는다. 나는 괜찮다고 생각하면서 각자의 삶이 있는 것이지 하지만, 직장이라는 것이 나만 생각하고 행동할 수 없는 곳이기에 일찍 퇴근할 수도 없고, 종일 시간과 티격태격 중이다.

주말에도 일을 시켜달라고, 나는 왜 일을 시켜주지 않느냐고 따지는 사람들, 나는 그런 사람들 속에서 갈팡질팡 혼란스럽다. 그래 시간이 흘러가야 돈이 되지.

회사에서는 정신없이 일에 매진하다 보면 시간의 노예로 사는 것 같지만 집에 있을 때는 나에게 주어진 시간이 그저 변함없이 흘러가는 강물처럼 무덤덤하게 느껴질 뿐이다. 그래서일까? 요즘 들어 부쩍 시간의 길이가 주는 의미를 자주 생각하게 된다.

주말이면 아무 생각 없이 쉬어야지 하다가도 무언가를 하는 나를 발견한다. 세차하고, 정원을 가꾸고, 미뤄두었던 집안일을 하면서 쉼 없이 무언가 일거리를 찾아 움직인다. 쉬어야지 했던 마음은 온데간데없어진다. 세차장에 차를 맡겨야지 하다가도 그 돈이면 몇 시간을 일해야 벌 수 있는 돈인데 하는 생각이 들어 피곤함도 잊고 무거운 물통을 들고 대문을 나서는 나를 발견한다. 그리고 언제 피곤하다고 했나 싶은 생각이 들 정도로 남편 차와 내 차를 번갈아 가며 시원하게 세차를 끝낸다. 그러고 나면 힘든 것도 있지만 '돈을 벌었네.' 하는 생각에 왠지 뿌듯한 기분에 사로잡힌다. 매사를 그렇게 살 수는 없지만, 시간으로 돈을 환산하면서 산다는 것은 피곤하기도 하지만 양가감정이 내포되어 있음이다. 다만 시간이 돈이 되는 것이 크지 않아 일하면서도 힘들어하는 사람이 생긴다는 것이 조금은 씁쓸하다.

내가 근무하는 회사의 현장직 사람들은 대부분 최저시급을 받고 일한다. 회사 입장은 적은 비용으로 높은 생산성을 바라지만 근로자 입장은 얼마나 많은 시간을 일했는지를 중요하게 여긴다. 근로자들에게 저녁이 있는 삶을 보장해야 한다고,

근로 시간을 틀에 맞추는 정책과는 괴리감이 느껴지는 부분이다. 대기업에서 일하는 사람들과 거리가 먼 낮은 임금을 받고 일하는 현장 근로자들에게는 저녁이 있는 삶이 아닌 좀 더 많은 시간을 일하더라도 월급이 많았으면 하는 바람이 있다. 그렇다고 그들이 쉬지 않고 일하고 싶다는 것은 아니다. 시간이 가야만 좀 더 많은 돈을 벌 수 있기 때문이다. 아이러니 한 지점이다.

어느 날 휴식 시간에 아들 얘기를 하게 되었다. 그중 한국 사람과 결혼한 베트남 사람이 우리 아들이 일본에서 직장을 다니고 있다는 말을 듣고는 "우리 남편 말 못 해요. 그리고 내가 한국말이 서툴러서 우리 애들 공부 잘 못 해요. 그래서 돈 많이 벌어야 해요. 힘들지만 일 많이 해야 해요." 하면서 나더러 좋겠다는 말을 덧붙였다. 나는 자랑하려던 것이 아니었는데, 아들 소식을 물어보길래 대답했을 뿐인데, 순간 씁쓸한 마음이 들어 더 이상 말을 잊지 못했다.

누군들 일만 하고 살고 싶겠나. 아직은 어린 그녀들에게 한국살이란 몇 년이 흘러도 한국말은 서툴고, 돈을 벌지 않으면 생계는 어려워 종일 일터에 있을 수밖에 없다는 것이 안쓰러울 따름이다. 하지만 어려운 여건 속에서도 가족을 위해 일하는 그녀들이 있어 삶의 시계는 멈추지 않나 보다. 저녁이면 가족들과 모여 저녁도 같이 먹고, 자녀와 함께 시간을 보내고, 주말이면 근교에 나가 마음의 여유를 즐길 날이 멀리 있지 않으리라 믿는다.

나도 마찬가지지만 가족과 더불어 더 나은 삶을 살아가기 위해 일을 하는 것 같다. 그렇지만 시간이 돈을 결정해주는 삶을 살아가야 하는 아픔을 가진 사람도 있음이다. 시간이 돈이다. 라는 말이 내포하고 있는 이면이 서글프다.

하지만 열심히 시간과 사투를 벌이는 그들이 있어 세상은 돌아간다. 힘들지만 하루하루 성실히 일하는 그들에게도 희망은 있으므로 오늘도 생산 현장은 밤낮없이 불이 훤하다.

그녀들의 내일이 여전히 팍팍해 보이지만 내일의 시간은 밝음이지 싶다.

행복의 의미

문화와 시대마다 다르겠지만 중년을 지나 장년으로 들어선 나이가 되어도 갈망하는 것이 없어지지 않고 그대로인 것은 뭘까? 이 나이가 되면 이 정도는 되어 있어야지 하는 마음으로 허리띠를 졸라매고 살아왔는데 그 정도가 되어도 사람이라 그런지 욕심은 더 보태지고 기대치는 더 올라가는 것 같다.
우리 인생은 은행 잔액처럼 차변과 대변이 그대로 맞아떨어지는 회계학적 사고로는 풀 수 없는 드라마라는 말이 있다. 생각하고 계획하는 것이 모두 맞아떨어진다면 누구 하나 불행

한 사람이 없으련만, 살아가는 것은, 아니 살아낸다는 것은, 예측하기 어렵고 계산으로 되는 것이 아니기에 다시 살아가야 하는 것 같다.

남편이 사업을 시작하면서 나는 직장을 그만두었다. 다시는 일 하지 않을 계획이었다. 그러나 오랫동안 일을 했던 사람이 일하지 않는다는 것은 쉽지 않았다. 잠깐은 좋았지만 우울함이 금방 나를 휘어 감았다. 그렇다 보니 남편은 집에 있는 내가 신경 쓰이기 시작했다. 사업으로 바쁜 남편과는 함께 할 시간이 많지 않았기 때문이다. 그러다 보니 서로 소홀해진 것 같은 느낌이 들기도 했다. 그런데 나는 그 소홀함을 소홀함으로 받아들이기보다 시간이 없는 남편을 도와준다는 명분을 보태어 내 마음을 부여잡을 수 있는 것이 무엇일까를 생각했다. 내가 생각 끝에 내린 결론은 내 일을 다시 갖자는 것이었다. 왜 시간을 같이하지 않느냐고 하기보다 나를 걱정하지 않고 사업에 몰두할 수 있게 하는 것이 서로의 정신 건강을 위해 좋을 것이라는 판단에서다. 나도 바쁜 직장 생활을 하다 보면 남편의 마음도 더 이해하게 될 것이고 쓸데없는 생각으로 우울할 시간이 줄어들 것이라는 생각에서다. 지금 생각해 보면 내

판단이 옳았던 것 같다.

만약 내가 직장에 다니지 않고 집에만 있었다면 남편은 남편대로 신경이 쓰여 일하는데 지장을 받았을 것이고, 나는 나대로 해소되지 못한 불편함으로 우울증이 깊숙이 파고들었을 것이다. 시간을 같이 나누지 못한다는 것에서 오는 허함을 어쩌면 감당하지 못했을 테니까. 그러나 나는 지금 나의 시간을 살아가는 데 남편의 시간을 많이 할애받지 않았다고 불평하지 않는다. 남편과 많은 시간을 같이하지는 못하지만 짧은 주말이라도 함께 할 수 있다는 것에 감사한다. 함께 한다는 것은 시간의 양에 비례하는 것이 아니라, 서로를 배려하는 마음의 문제라는 생각이 들었기 때문이다.

얼마 전 늦은 퇴근을 하고 남편에게 아이스크림을 먹자고 했다. 남편은 자기 전에 뭘 먹는 것도 아이스크림을 즐기지도 않는다. 그래도 그날은 순순히 내 의사에 따라주었다. 나는 며칠 전에 사놓은 아이스크림 한 통을 가져와 통에 숟가락 두 개를 꽂아서 남편과 마주했다. 서로 말없이 한 숟가락씩 떠서 입에 넣었다. 조용히. 특별한 것도 없는 그저 그런 일상이었다. 순간 내 마음이 아이스크림처럼 스르르 녹는 기분이 들었다.

별것도 아닌 아이스크림 하나 나눠 먹었을 뿐이다. 젊은 날이었으면 달랐을까. 함께 한 시간이 길었던 만큼 감동도 말수도 줄었지만, 작은 것이지만 아무 생각 없이 함께 나눌 수 있는 순간이 있다는 것은 뭐라 형용할 수는 없는 기쁨으로 다가왔다. 그래 무엇이 중한가? 사소한 것 하나에 만족하면 되는 것이지. 하루 종일 업무에 시달리며 서로 맞니? 틀렸니? 곤두선 생각으로 가득 차 있었던 것과 대비되면서 한순간에 체증이 풀리는 쾌감 같은 것이 느껴졌다.

'우리 조금만 더 참자. 이것만 해결하면 정말 행복하게 살 수 있어.'라고 했던 약속은 잘 지켜지려나. 시간이 지나 약속했던 시간이 되면 우리는 과연 행복할까? 어느 누가 이 질문에 답을 내려줄 수 있을까 싶다. 길다면 길고, 누군가에게는 한정된 삶일 수 있는 시간 속을 우리는 뜬구름 잡으러 미련스럽게 아까운 시간을 낭비하고 있지는 않은지 반문해 본다.

행복이란 잡으려 하면 멀어져 가는 얄미운 존재 같다. 그런데 가만히 생각해 보니 행복은 내 안에 내 곁에서 '나 여기 있어.'라고 알아주길 기다리고 있었다는 생각이 든다. 모리스 마테를링크가 쓴 아동극에서 틸틸과 미틸이 그렇게 간절하게 찾던 파랑새처럼 멀리 있는 것이 아니라, 가까이 있었다는 것을 아는 것이 힘이지 싶다.

계획하고 계산해서 맞춰갈 수 있는 인생이라면 사는 게 참 쉬울 테지. 그러나 잡으려 하면 멀어지고 하는 것을 내 손아귀에 넣으려 욕심을 부리고 있다는 것을 인지하는 것이 싫지 않음이다. 앞으로도 지금의 깨달음을 잊고 더 나은 삶을 꿈꾸며 치열하게 살아가겠지만, 그 순간순간의 다행스러움을 받아들이는 연습을 해 보련다.

나이를 먹었다고 세상을 다 아는 것은 아닌 것 같다. 죽고 사는 일이 아니라면 상대를 있는 그대로 받아들이는 내 안의 작은 틈을 유지하는 여유를 가져봐야겠다.

마음이 바뀌니 '왜 그럴까?'가 아닌 '다를 수 있어. 나와 달라서 그래.'라며 긍정적인 사고를 하게 된다. 이것 또한 매 순간 노력이 필요하기에 쉬운 것은 아니겠지만 다르다는 것을 인정하면서 내 마음의 평온을 찾아갈 생각이다.

함박산

함지박처럼 푸근한
이름값
착한 사람에게는
얼마일까?

함박웃음 세기며
함박산 약수 한 모금
계산은 무용지물

함박산 작약꽃은 덤인가?
새삼
환하게 부려보는 여유

4부

그대로 빛나는 경이 속에서

세상을 내 기준에 맞춰서 보지 말아야 할 것 같다. 그러면 나도 누군가의 기준에 맞춰서 보일 테니까. 봉선화가 자라는 자리가 열악하다고 해서 내가 관여할 일은 아니지 않은가. 나는 그저 바라보면 되는 것인데, 혹여 힘들까 싶어 씨앗을 다른 곳에 옮겨 심고, 말라 죽을지도 모른다는 생각에 물을 주면서 봉선화를 위해 뭔가 한 것 같은 내색을 하고 있으니 말이다. 자연은 보이는 것이 전부가 아니다. 나름 자신들이 살아가는 방식이 있다는 것을 나는 아직 모르는 것 같다. 내가 누군가의 간섭하에 있고 싶지 않은 것처럼 말이다.

- 「흘러가는 대로」 중에서

고요한 빛의 위엄 - 우포늪의 가을

무작정 길을 나섰다. 우포늪을 가보고 싶다는 생각에서다. 누군가와 약속이 있었던 것도 아니었다. 그저 왠지 모를 설렘이 나를 이끌었다. 예정에 없던 일정이라 그런지 발걸음은 가벼웠다. 스쳐 지나가는 차창 밖은 어느 해보다 단풍이 예쁘게 물들어 가고 있었다. 입꼬리에 미소를 달고 꼬불꼬불 이어진 산길을 따라 한참을 가다 보니 어느새 커다란 원의 중심점에 이른 것 같은 생각이 드는 곳에 다다랐다.

들뜬 마음으로 길을 나서긴 했지만 홀로 우포늪을 걸을 생각에 조금은 걱정이 앞섰다. 그런데 주차장에 들어서는 순간 내 걱정스러움은 단숨에 사그라들 정도로 주차장은 사람들로 북적였다. 주말이라는 생각을 못 했던 것 같다.

만차인 주차장에 어렵게 주차하고 우포늪에 들어가기 위해 입구에 서니, 문득 9월 초 이곳에서 만난 한 여성이 떠올랐다. 날이 저물어 가고 있는데 작고 가녀린 모습을 한 여성이 홀로 주차장에서 내리는 것이 아닌가. 어둠이 내리기 시작하고 태풍도 완전히 사라지지 않은 곳에서의 낯선 만남은 어딘가 모를 스산한 느낌을 풍겼다. 그날은 반딧불이 행사가 있다고 했었다. 전날부터 태풍이 와서 행사 진행 여부를 알 수 없었다. 하지만 혹시나 하는 마음에 어둠이 내릴 즈음 우포늪을 찾았다. 예상대로 행사는 취소되었는지 인적이 느껴지지 않았다. 그런데 한 여성이 두리번거리며 서성이는 모습이 눈에 띄었다. 나처럼 혹시나 하는 마음에 발길을 옮긴 것 같았다. 내가 먼저 다가가 반딧불이 축제를 보러 왔느냐고 물었더니 그렇다고 했다. "이렇게 아무도 없는 것을 보니, 우리만 축제가 취소된 것을 몰랐나 봅니다." 하며 그녀에게 아쉬움을 표했다. "그럼 바로 돌아서기 섭섭하니, 우리 같이 반딧불이를 만나고 갈까요?" 했더니 선뜻 동행하겠다고 했다.

우포늪 입구부터 어둠이 내리기 시작해서인지 서로 멈칫거렸다. 멀지 않은 거리를 이동하면서도 어둠이 눈에 익숙해지기를 기다리며 천천히 우포늪 쪽을 향했다. 어둠 속이었지만 그녀는 한 번도 본 적 없는 반딧불이를 만날 수 있다는 생각에 들떠 보였다. 나는 어릴 적에 보았던 반딧불이에 대한 기억을 더듬으며 작은 불빛이라도 잡기 위해 애썼다. 순간 내 눈에 반딧불이가 보였다. 나는 반가움에 그녀에게 "반딧불이다" 하고 외쳤다. 그녀는 반가움과 신기함을 담아두고자 휴대폰 카메라로 작은 반딧불이를 따라 연속적으로 버튼을 눌렀다. 캄캄한 하늘에 작은 점 하나 반짝이는 사진을 보고 기뻐하던 그녀가 문득 우포늪에 들어서니 생각났다. 그날을 생각하면 낯선 사람을 만나 같이 공감하며 기쁨을 나눌 수 있었다는 것이 신기할 따름이다. 우포늪이어서 가능했으리라.

반딧불이와의 인연으로 만났던 그녀를 생각하며 걷다 보니 눈앞에 우포늪이 드러났다. 계절의 변화만 있을 뿐 고요했다. 눈앞에 마주한 우포늪, 스쳐 지나는 많은 이들과 함께 걸으며 눈에 보이는 모습들을 담고자 카메라 버튼을 계속해서 눌렀다.

그렇지만 그 생생한 느낌을 모두 담을 수는 없기에 머릿속은 본능적으로 기억의 파노라마 영상이 돌아가고 있었다.

우포늪은 누군가를 부여잡고 알아달라고 말하지 않아도 그 자리를 지키고 있는 것만으로도 감탄하며 사람을 불러들이는 힘을 지녔다. 가진 자와 못 가진 자를 구분 짓지 않고 각자의 눈에 마음껏 담아가라고 손짓하는 넓은 포용력이 있다. 우포늪은 그런 곳이다. 바쁜 일상의 헛헛함에서 벗어나 작은 숨구멍을 트고 숨 고르고 쉬어갈 수 있는 곳 말이다.

한참을 멍하니 걷다가 가던 걸음을 멈추고 가만히 있으면 알 수 없는 소리가 들린다. 음소거가 될 리 없는 곳이기에 궁금증을 자아낸다. 그러나 그 누구도 조용히 하라고 말하는 이 없다. 조금은 비밀스럽기까지 하다. 세상사 어느 곳인들 소리가 없을 수 있겠는가. 우포늪도 긴 세월 동안 희로애락이 없었다면 지금의 이런 모습이 없었겠지? 비밀스러운 소리의 정체가 뭘까를 생각하며 다시 걷다 보면 걸음을 멈춰 서게 하는 막다른 길 끝, 하얀 따오기 무리가 요새처럼 둘러싸인 곳에서 계절 옷을 입은 풍경과 대비되게 가을 하늘을 힘차게 날갯짓하고 있는 모습이 포착되었다. 그 신비로움이 사라질까 봐 잠시 머물다 뒤돌아섰다.

뒤돌아오는 길에서는 오랫동안 그 자리를 지켜낸 왕버들 나무가 세월의 풍파를 견뎌낸 기괴한 모습을 하고 나의 눈길을 붙잡았다. 주어진 자리에서 어떻게 살아냈는가를 온몸으로 표현해주고 있는 자태는 나이 들어가는 나에게 묘한 끌림으로 다가왔다. 어디 변함없이 살아낼 수 있었을까? 변화무쌍한 가운데임에도 불구하고 살아남아 있음이 힘을 느끼게 하는 것이겠지.

적막한 어둠 속에서 한 점 빛을 발하는 반딧불이를 보고도 행복해 보였던 낯선 그녀와의 만남이 있어서였을까 무작정 찾은 우포늪이었지만 가만히 다가오는 고요함 속에서 느껴지는 우포늪의 가을은 더 예쁘게 물들어 가는 듯했다.

추억 소환

나는 어느 날 문득 이라는 것을 좋아하는 것 같다. 잊고 지내던 것이 생각나거나 내 눈에 띌 때. 예상하지 못했던 일이 기억날 때, 아마 그런 순간이지 싶다. 익숙한 장소를 가거나, 익숙한 소리, 익숙한 냄새 등 어쩌면 지나온 흔적들이 자리하고 있을 내 기억 어딘가를 마주하는 순간이 문득 이지 않을까.

무심결에 SNS 알림 문자서비스를 확인하고 사이트에 들어가니 친구 생일 알림이 있었다. 아무 생각 없이 '좋아요'를 누르려고 하는 찰나, 아차 싶었다. 왜냐하면 몇 년 전에 병으로 세상을 떠나고 지금은 없는 친구이기 때문이다. 친구는 떠나고 없는데 축하하라는 메시지가 뜬 것이다. 잠시 마음을 가다듬은 후 애써 그 순간을 외면하려고 해 보았지만 그러지 못했다. 다른 친구들 생일이었으면 그냥 무의식적으로 '좋아요'라는 버튼을 누르고 끝났을 것이다. 하지만 나는 그럴 수 없어서 떠난 친구에게 메시지를 보냈다. '친구 너는 떠난 지 오랜데, 너의 생일을 축하하라고 하네. 어쩌지?'라는 글을 남기고 사이트를 나왔다. 전달되지 못한 메시지는 공허한 메아리가 되어 허공을 맴도는 듯했다.

어느 날 문득, 고향 친구의 전화를 받았다. 반가웠다. 친구는 자전거를 타고 이곳저곳 여행을 즐긴다고 했다. 길지 않은 통화로 서로의 안부를 묻고, 다음을 기약하며 내가 사는 창녕도 자전거길이 좋으니 지나는 길이면 한번 들러 만나자는 약속을 했었다. 그런데 얼마 뒤 나는 친구의 부고 소식을 듣고 말았다. 건강이 갑자기 악화가 되었다고 했다. 생각해 보면 친구는 건강을 잃고 요양차 자전거를 타고 다녔는데, 문득 고향 친구인 내가 생각나 전화를 했었던 모양이다. 나는 그런 줄도 모르고 자전거를 타며 여유롭게 사는 줄 알았던 그때를 생각하니 내심 친구에게 미안한 마음이 들었다. 결국은 먼 길 떠난 친구의 장례식장에서 환하게 웃고 있는 친구의 영정사진을 마주했다.

나에게 잊힌다는 것은 뭘까? 싶을 때가 있다. 몇 년 전 돌아가신 친정아버지가 문득 문득 그리울 때가 있다. 처음에는 하루하루가 슬픔이었지만 어느 순간 슬픔도 무뎌진다고 해야 하나 묻히는 시간이 왔다. 그래서 시간이 약이라고 말하는가 보다. 그렇다고 영원히 잊은 것은 아닌데 말이다. 하지만 추억의 장소나 빛바랜 사진첩을 마주하면 아버지와 함께했던 그 시간 속에서 나는 위안을 받는다.

그런데 요즘은 사진을 찍어 현상을 하지 않다 보니 빛바랜 사진첩을 열어보고 추억을 되새기는 시간을 가질 수가 없는 것 같다. 대신 포털이 휴대전화기와 연동이 되는 기능이 있어서 나의 그때 그 시절을 날짜별로 잘 엮어서 전달해준다. 어쩌면 기계의 힘으로 추억을 끄집어내는 것 같아 별로지만 인위적이긴 해도 생각지 못한 어느 날 문득, 나의 어느 날을 추억하며 기억을 더듬어 보는 것도 나쁘지만은 않다.

이 세상에 없는 내 친구는 포털이나 메신저에 자신의 추억을 상속하고 간 것 같다.

포털에 남겨진 나의 흔적들은 내가 사이트를 탈퇴하지 않는 한 영원히 내가 생전에 남겨둔 흔적들을 하나하나 끄집어내어 내가 맺은 친구들에게 알려줄 것이다. 친구는 자기의 남겨진 추억을 가족이 아닌 포털에 상속해 버린 셈이다. 아직도 친구가 살아있는 것처럼, 그의 생일을 알리는 메시지가 뜨는 것을 보면 말이다. 나도 친구가 생전에 연락을 주지 않았다면 어딘가 살아서 잘 있다고 생각하고 생일을 축하한다는 답장을 보냈을 것이다. 그리고 친구의 죽음을 모르는 누군가는 아직도 잊힌 듯 잊히지 않은 듯 무심히 '좋아요'를 누를 것이고 생전에 친구가 남긴 흔적들이 어느 날 문득 파노라마처럼 펼쳐지는 그런 날을 마주할 것이다. 그러면 친구를 아는 누군가는 추억을 소환해낸 SNS의 힘으로 추억에 젖어 들 것이다.

이제는 내가 떠난 뒤 내 가족에게 생전에 내가 공유했던 포털 사이트며, SNS 플랫폼도 유산으로 남겨야 할 것 같다는 생각이 든다. 그러려면 미리부터 준비해야 하는데 다행히 그런 것을 예견하고 준비된 것이 있었다. SNS에 기념개정관리자 지정해 두면 이용자가 지정한 친구나 가족이 이용자 사후에 대신 계정을 관리할 수 있는 시스템이라고 한다. 나의 흔적을 내가 정리하지 못할 경우를 대비해 내가 위임한 누군가가 나를 정리해줄 수도 있다니 한편으로는 다행이라는 생각이 든다. 잊힐 권리도 있지만 그래도 누군가는 기억할 권리도 줘야 하니까.

 그리고 보니 나는 참 이기적인 사람이라는 생각이 든다. 타인에게 피해를 줄까 봐 미리부터 걱정하고 차단하려는 행위를 하는데 전체 공개보다는 나만 보기를 한다던가 기념일은 비공개로 하고 대부분의 개인적인 것을 공개하는 것을 꺼리는 것을 보면 말이다. 다른 누군가의 것들은 공유하기를 원하면서 자기 자신에 대해서는 드러내지 않으려는 것이 이기적이지 뭐겠나. 내가 뿌려놓은 흔적들을 누군가 기억하는 것이 싫어서라고는 하지만 가끔은 나만 생각하지 말고 누군가는 나를 추억 속에서 꺼내 보는 즐거움도 있으리라 생각하니 무조건 차단하는 것만이 좋은 것은 아닐 수도 있겠구나 싶다. 배려가 마냥 미덕은 아니니까.

추억은 순번을 정해 놓고 오는 것은 아니다. 친구의 축하할 수 없는 생일 메시지를 받고 혼란스러웠던 마음도 잠시 메신저의 힘으로 멀리 떠나고 없는 친구를 소환하는 것도 나쁘지만은 않았다.

친구의 추억을 상속받은 메신저는 언제까지가 될지는 모르겠지만 역할에 충실하겠지. 그러면 나는 내가 좋아하는 문득 이라는 것을 가져다 붙이고 친구를 추억하게 될 것이다.

어느 날 문득 말이다.

부드러움이 강함을 이긴다

언어가 발달 되기 전인 아이와 소통한다는 것은 여간 힘들지 않다. 하지만 시간이 흘러 아는 단어가 늘어나면서 서로를 이해하는 폭이 넓어지면 답답함에서 해방되는 시점이 오기 마련이다. 왜 이런 생각이 드는가에 대해 곰곰이 생각해 본다. 회사 생활을 오래 한 것은 아니지만 한해 한해 생산 현장의 내국인 비율이 줄어드는 것을 체감한다. 이제는 회사 현장의 대부분이 외국인이라고 해도 이상할 것이 없을 정도로 내가 되레 외국인인가 하는 생각이 들 때가 있다. 그렇게 나는 여러

나라 사람 중의 한 사람이 되어 가고 있다.

생산 현장은 다양한 언어를 가진 사람들이 모여 있다. 그래도 일할 때 쓰는 언어는 한국말이다. 그러다 보니 이제 갓 말을 배우는 아이들처럼 한 단어 한 단어에 의미를 부여하게 된다. 업무적인 것을 전달할 때는 손짓 몸짓 그것도 안 되면 부족한 영어까지 동원되어 진땀을 흘리는 경우가 다반사다. 그래도 안 될 때는 통역기를 쓰거나 같은 언어를 쓰는 사람 중에 한국말에 익숙한 사람의 도움을 받는다. 하지만 일에 있어서 어려움이 없지 않다.

같은 나라 사람들끼리 얘기를 해도 말이 안 통한다고 느낄 때가 있는데, 하물며 언어가 다른 사람들이 현장에서 같이 일한다는 것은 단순한 문제가 아니다. 감정적인 문제가 개입되었거나 예의를 갖춰야 하는 경우, 서툰 통역이나 포털의 직 번역은 오히려 감정을 건드리는 역효과를 낸다. 사람과 사람이 만나 일만 하고 각자의 삶을 살면 되는 것이지 무슨 문제가 있겠느냐고 하겠지만, 직장 생활을 한다는 것은 서로 협업이 필요하고 혼자서 할 수 없는 것이 대부분이다. 더군다나 국적이 다른 사람과 일한다는 것은 소통 부족으로 불협화음의 연속일 수밖에 없다. 그래서 나는 현장 노동자들의 자칭 사내 소통 전문가가 되어 보기로 했다.

전문가라고 하면 자격을 부여받던지 전문성을 띠어야 하지만 말 그대로 자칭이다. 나와 같이 일하는 사람들 간의 소통으로 한정시킨다면 무엇이 대수겠는가. 처음에는 이 사람들의 언어를 배워볼까도 생각했었다. 그 많은 언어를 습득한다는 것은 내 능력이 따라주지 못할 것이었다. 언어의 장벽을 깨야 했다. 나는 끊임없이 그들 옆으로 다가갔다. 나를 신뢰하고 따라올 때까지 그렇게 나만의 소통 친화력을 믿어보기로 했다.

베트남, 중국, 필리핀, 미얀마, 캄보디아, 스리랑카, 인도네시아, 네팔, 러시아, 우즈베키스탄, 카자흐스탄, 키르기스스탄, 등 이렇게 많은 나라의 언어를 배워야 한다면 가능한가? 하지만 이제는 이 모든 사람의 언어를 배우지 않고도 한국말로 소통한다. 처음부터 가능한 것은 아니었다. 어린아이에게 말을 가르치듯 조금씩 조금씩 다가가다 보니 어느새 간단한 말로도 의사 전달이 이루어졌고, 이제는 회사안에서 누구보다 그들의 언어를 이해하는 자칭 소통 전문가가 되었다.

한 번씩 현장에서 작업자들과 잡음이 날 때면 하는 말이 있다.

부드러움이 강함을 이긴다고 말이다. 부드러운 스펀지가 물과 세제를 만나 더러운 때를 제거하듯, 그들과 내가 몇 마디 되지 않는 한국말이지만, 신뢰를 바탕으로 일을 진행할 수 있다는 것이다. 나는 약한 것이, 강한 것을 이기기 힘들다는 것을 안다. 하지만 서로 믿음을 주고 마음을 읽어준다면 어떤 능통한 언어 전달자 못지않게 대화를 이어갈 수 있다는 믿음이 있다. 이런 믿음은 내 경험에서 나온 것이지 모두에게 일반적이라고 말할 수는 없다. 그러나 단순노동을 이어가는 생산 현장에서는 조금 단순해져도 괜찮다는 것이다. 주어진 일만 잘 해내면 되니까. 그렇지만 여전히 힘들다.

한번은 카자흐스탄 작업자가 타고 다니는 차 때문에 문제가 발생한 적이 있었다. 번호판 없이 차를 운행하고 있다는 정보를 입수한 경찰관이 회사에 찾아온 것이다. 외국인의 차 문제는 가끔 있는 일이라 경비실 앞으로 당사자를 데려갔다. 담당 경찰관이 와 있었다. 경찰관은 그 외국인에게 어떻게 설명할지 잠시 망설이더니 유창한 영어 실력으로 찾아온 이유를 말했다. 나는 옆에서 상황을 지켜보면서 마음속으로는 외국인이 알아듣지 못할 텐데 하는 생각을 했다. 왜냐하면, 그 외국인은 영어를 잘 모르는 사람이기 때문이다. 한참 동안 유창한 영어로 차분하게 상황 설명을 하던 경찰관이 당황하는 기색이 보일 즈음, 소통 전문가인 내가 나섰다. 그리고 영어 실력을 뽐내듯 반복해서 얘기하던 경찰관이 무안하게도 유창한 영어도 자연스러운 한국말도 아니지만, 문제는 쉽게 해결되었다. 조금 무안하고 어리둥절한 표정으로 자리를 떠나던 그 경찰관의 허무한 뒷모습이 스친다. 뭐 저런 말로 이해시킬 수 있는지 웃기는 사람이라고 생각했을 것이다. 하지만 사람과 사람이 공감하는 순간은 거창하지도 길지도 않은 것 같다.

사람 사는 곳이면 어디나 희로애락이 있다. 같은 언어를 사용하는 사람이 만나도 소통의 어려움이 있는데 하물며 다양한 나라의 사람이 틀린 것이 아닌 다른 환경과 문화의 괴리를 타협하며 지낸다는 것은 여간 어려운 일이 아니다. 그러나 같이 살아가기 위해서는 통하는 구석이 있게 마련이다.

어떤 날은 작업장에서 들려오는 웃음소리에 혼자 미소 지을 때가 있다. 한국 사람이라고는 한 사람도 없는 곳이고, 모두 다른 언어를 쓰는 사람인데도 불구하고 한국말로 웃음을 자아낼 수 있다는 것은 무엇으로도 대체할 수 없는 힘이 느껴져서다.

그래 무엇이 중한가. 내가 너의 언어를 알고 모르고가 무슨 문제겠는가. 우리에게는 몸짓으로 눈빛으로도 얼마든지 이야기할 수 있지 않은가. 서로의 마음을 읽고 신뢰를 쌓는다면 언어의 장벽은 벽이 아니지 않을까?

파도가 친다.

올 추석 명절은 여느 때와 좀 다르게 주말을 끼고 있어서 닷새 동안의 길다면 긴 연휴였다.
시댁에서 명절을 보내기 위해 일요일 아침, 이른 출발을 시작으로 강원도 삼척으로 길을 나섰다. 교통 체증이 염려되어 이른 출발을 했지만, 추석을 이틀 앞둔 상황이라 그런지 도로 상황은 명절이라는 느낌이 들지 않을 정도로 한산했다. 몇 년 전까지만 해도 명절을 보내러 가는 걸음이 무겁지만은 않았는데 어느 순간 모든 명절 준비가 내 몫이 되어 버려서인지 차 안의 짐만큼이나 내 마음의 무게도 무겁게 느껴졌다.

 언제부터일까? 시부모님의 시간을 생각하다 보면 시간으로 계산하기는 어렵지만, 하루하루가 다르게 이제는 많은 시간이 주어지지 않았구나? 하는 생각을 접을 수가 없다. 그래서일까? 까탈스럽고, 맵기까지 한 시어머님의 검열을 이제는 받지 않아도 된다는 안도감은 온데간데없고, 사라져가는 기억들 속에서 소용돌이치고 있는 시어머니의 머릿속이 뒤죽박죽되어 가고 있다는 불안함이 나에게는 여느 추석 명절보다 더 한 무게감으로 다가왔다.

시댁은 집 앞이 바로 바다인지라 몇 걸음만 걸어도 끝이 보이지 않는 바다를 볼 수 있다. 생각이 복잡하거나 답답한 느낌이 들 때면 아무 생각 없이 방파제로 나선다. 뒤죽박죽 얽혀있던 마음도 멀리 바다를 바라보며 방파제 난간에 서면, 어느 순간 파도의 흐름에 내 몸이 맞춰진 듯 리듬을 타면서 복잡했던 것들은 쓸려가 버린다.

명절 준비를 모두 끝내 놓고 바다를 앞에 두고 가만히 앉아본다. 파도가 규칙적으로 왔다 갔다 한다. 파도가 쓸고 지나간 모래사장은 깔끔하다 못해 정갈하다. 어떤 그림을 그려놓아도 흔적을 남기지 못할 정도로 깔끔하다. 그 광경을 보고 있으면 내 머릿속에 엉켜있는 것도 파도가 쳐주면 좋겠다 싶은 생각을 하게 된다. 힘들고 서운하고 걱정되는 것을 깨끗하게 밀어버리는 힘을 받을 수 있을 것 같아서다. 그러나 산다는 것은 파도가 쓸고 간 모래사장처럼 되지는 않는 것 같다. 수많은 찌꺼기가 남아 옹이진 머릿속이 또 다른 상처의 덤불이 되어 나를 아프게 휘어 감기 때문이다.

시어머니는 조금씩 치매 증상을 보인다. 아니 어쩌면 심해지고 있는지도 모르겠다. 본인의 의지가 없으면 가족 중 누구 하나 나서서 병원에 데려갈 수 없음이 안타깝지만 받아들이려고 한다. 같이 계신 시아버님이 보살펴 주고 계신 것이 다행스럽기는 하지만 자식 된 처지에서 마음이 복잡하다. 안쓰럽고 안타깝고 복잡한 마음속에서 허우적거릴 뿐이다.

"누구냐? " 막내네 작은 아들이잖아요. "몰러" 조금 있다가 또 "누구냐?" 몇 번이나 반복한다. 그러면 나는 시어머니께 되묻는다. "어머니, 저는 누구예요?" 그러면 "큰 며느리지 누구야 내가 너를 모를까?" 하신다. '그래 가족 중 몇 명 헷갈린다고 큰일은 아니잖은가? 여든둘이나 되었으니, 기억이 가물가물

할 수도 있지.' 싶다가도 그렇게 빈틈없이 행동하시던 분이 왜 이렇게 되었을까? 시어머니의 머릿속은 지금 무엇을 찾아 헤매고 있을까? 하는 생각에 안쓰러움이 몰려왔다.

멀쩡하게 얘기하고 앉아 있다가도 어느 순간 작고 여린 몸에서는 나올 수 없을 것 같은데 과거의 어느 날을 상스럽게 쏟아붓는 모습을 보고 있으면 지난날의 시어머니 당신은 어디로 가셨냐고 묻고 싶어진다. 당신이 힘들게 쌓아놓은 가족이라는 울타리를 왜 부정하냐고 말이다. 그러나 내 마음속의 울림을 알 리 없는 시어머니의 말은 입 밖으로 나오지 않고 파도가 쓸어가 버렸으면 하고 메아리쳐 보았다. 힘들게 산 인생에 대한 보상도 없이 늙고 초라해진 당신의 모습이 너무 초라해서일까? '그래, 아쉽고 억울할 만도 하지.' 그러나 부질없는 노릇 아니겠는가? 이제는 편히 쉬다가 때가 되면 먼 길 떠나면 될 것을 여전히 당신이 아니면 안 된다는 생각은 가족 누구도 공감하지 않는데, 남은 시어머니의 삶만 과거로 역행하고 있다. 이제는 자식들 누구 하나 걱정할 것이 없건만, 여전히 당신 손이 거치지 않으면 살 수 없다는 생각을 놓지 못한다. 그것이 더 어머니의 머릿속을 파먹고 있다고 생각하니 가슴이 아프다.

시어머니의 머릿속에도 파도가 쳤으면 좋겠다. 잔잔하게 조금씩 왔다 갔다 했으면 좋겠다. 시어머니의 지난 시간이 가지런하게 정돈된 모래처럼 흐트러지지 말았으면 싶다. 그리고 힘들고 나빴던 기억은 파도에 실어 멀리 쓸어 버리고 오직 시어머니 당신만을 생각하며 이기적으로 행동했으면 좋겠다. 남은 시간이 그리 길지 않을 테니.

희망 사항이고 바램이지만 가능성 없음에 소망을 걸어본다.

흘러가는 대로

내 삶의 시계는 나의 궤적에 맞춰 움직인다. 내가 보고 느끼고 생각한 대로 말이다. 그런데 왜 자꾸만 타인의 시선에 맞춰서 살아가는 것처럼 느껴지는지 모르겠다. 내 삶은 누군가의 평가가 필요한 것이 아니라 다만 살아갈 뿐이건만 타인을 의식하고 주도적인 삶을 살지 못하고 있다는 생각을 지울 수가 없다.

내가 사는 앞집 돌담에는 해마다 봉선화가 피어난다. 누군가의 손길이 닿은 것은 아니다. 그렇다고 봉선화가 자랄 환경이

랄 것도 못 된다. 돌담 사이에 약간의 흙이 잔존하고 있고 바닥은 콘크리트라 씨앗이 싹을 틔울 수 있으리라고는 생각하기 어려운 곳이다. 그런데도 해마다 싹을 틔워 튼실한 몸을 곧게 세우고 보란 듯이 꽃을 피운다.

봉선화는 어떻게 저렇게 열악한 환경에서도 해를 거르지 않고 자랄 수 있을까 하는 의문이 들었다. 그래서 지난해는 봉선화 씨앗을 받아 내 집 대문 옆에 씨앗을 뿌려놓았었다. 그랬더니 아니나 다를까 대문 옆에도 봉선화가 피었다. 생명력이 대단했다. 나는 봉선화가 힘들게 자라는 것이 가여워 조금은 안전한 장소를 제공해 주었다. 하지만 그것은 나의 오만인지도 모르겠다. 봉선화는 환경을 탓하지 않고 그저 주어진 대로 생존하고 있었을 뿐이니까. 내가 관여할 일이 아니라는 것이다. 올해도 앞집 돌담과 우리 집 대문 밖에는 많은 봉선화가 자라고 있다. 얼마 전 퇴근하고 봉선화가 있는 곳을 보니 강아지풀이 같이 엉켜있어서 강아지풀을 제거하고 봉선화가 자라고 있는 곳을 정리해주었다. 봉선화는 꽃이 예뻐서 그런지 동네 어르신들도 뽑아버리지 않고 자라면 자라는 대로 그대로 두었다. 강아지풀처럼 잡초로 여겨졌다면 벌써 사라지고 없었을 텐데, 살아남는 데는 이유가 있음이다.

봉선화가 앞집 돌담 사이와 콘크리트 바닥에 자라지 않고 정원이나 환경이 좋은 자리에 자랐더라면 지금처럼 사람들이 보고만 있었을까. 어쩌면 환영받지 못하거나 내가 뽑아버린 강아지풀처럼 잡초 취급을 받고 뽑혀 시들어갔을지도 모를 일이다. '울 밑에 선, 봉선화야 네 모양이 처량하다.'라는 노래 가사가 울림이 있듯이 평탄한 곳이 아닌 고난 속에서 피어나는 꽃이어서 더 애처롭고 아름답게 느껴지는 것인지도 모르겠다. 무더운 여름 축 늘어진 봉선화가 안쓰러워 물을 주었다. 말라 죽을 것 같아서였다. 다음날 봉선화는 줄기를 곧게 세우고 언제 그랬냐는 듯 당당한 자태를 뽐내고 있었다. 아, 내 도움을 받아서 살았구나 싶은 마음이 들었다. 그렇지만 그건 나의 착각일 뿐인 것 같다. 이제껏 같은 자리를 지켜온 것을 보면 알 수 있듯이 말이다.

내가 관여하지 않아도 죽고 사는 문제는 봉선화가 자연의 이치에 따라 움직일 것이기 때문이다.

세상을 내 기준에 맞춰서 보지 말아야 할 것 같다. 그러면 나도 누군가의 기준에 맞춰서 보일 테니까. 봉선화가 자라는 자리가 열악하다고 해서 내가 관여할 일은 아니지 않은가. 나는 그저 바라보면 되는 것인데, 혹여 힘들까 싶어 씨앗을 다른 곳에 옮겨 심고, 말라 죽을지도 모른다는 생각에 물을 주면서 봉선화를 위해 뭔가 한 것 같은 내색을 하고 있으니 말이다. 자연은 보이는 것이 전부가 아니다. 나름 자신들이 살아가는 방식이 있다는 것을 나는 아직 모르는 것 같다. 내가 누군가의 간섭하에 있고 싶지 않은 것처럼 말이다.

내 눈에 보이는 것이 맞기도 하고 틀리기도 하다는 것을 나는 나 스스로 인정해야 한다. 그리고 살아있는 것에 대해 내 생각을 강요해서도 안 된다. 도태되면 도태되는 대로 힘들면 힘든 대로 살아갈 테니까.

나는 어쩌면 다른 사람들이 나에 대해 저 사람은 그럴 것이다. 하는 것을 미리부터 염려해서 나 자신을 가두고 사는 것인지도 모르겠다. 세상 사람들은 내가 생각하는 만큼 상대에 대해 관심이 없다는 것을 인정해야 한다. 그렇지 않으면 자꾸만 기준이 내가 아닌 타인이 되어 나 자신을 얽어매고 살아가게 될 것이다.

돌담에 피어나도 아름답고 강인한 모습을 보여주는 봉선화처럼 어떤 환경에서도 나는 나로 살아가야 한다는 것을 잊지 말아야 한다. 자꾸만 연약한 마음을 가지고 누군가의 기준에 맞추려 하다가는 초라는 자신만을 마주할 수밖에 없다. 오롯이 자신과 마주하면서 모든 관심을 나에게 쏟고 살아가는 것이 필요하다. 그래야만 타인을 내 기준에 맞추지 않고 인정하면서 살 수 있을 것이다.

삶이란 내 마음대로 흐르지도 않을뿐더러, 그저 나도 모르게 흘러갈 뿐일 테니까.

나의 해방 일지

어린 날부터 일기를 썼던 것 같다. 처음에는 학교에서 일기를 써야 한다고 하니 의무적으로 썼다. 의무가 습관이 되고 어느 순간 일기를 쓴다는 것은 나의 하루를 마무리하고 생각을 정리하는 나의 말동무가 되었다. 그리고 어린 나이부터 집을 떠나 홀로서기를 해서 그런지 일기를 쓴다는 것은 순간순간을 버티게 한 친구라고 생각한다.
고단한 하루의 일과 속에서 실수하고 소외당했던 순간들을 기록하면서 모나지 않게 다듬어 가던 시절의 일기는 두서가 없는 글이 되어 다시 읽어보면 허점투성이고 '내가 이런 생각을 했었어.'라며 부정하기도 했지만, 나름 감정 조절도 하고 생각을 정리하는 시간이 되었다.

밤에 쓴 편지는 부치지 않는 것이 좋다고 했던가? 개인의 일기는 공유하기 위한 것이 아니라 오롯이 개인의 생각을 정리하는 글이기에 본인의 생각을 두서없이 마음껏 뱉어도 아무런 문제가 되지 않는다고 본다. 재활용을 생각하고 일기를 쓴다면 일기가 아니기 때문이다. 영원히 나만의 비밀 공간이라는 확신을 가지고 블랙홀 안에 가두어 두었다는 생각으로 글을 써야 나를 오롯이 위로할 수 있을 테니까.

일기가 문학 작품이 되기까지는 많은 시간의 퇴고 과정과 쓰는 이의 세계관이 정서적 공감대를 형성해서 똑같은 삶을 살아보지는 않았더라도 살아본 듯한 경험을 독자가 할 수 있어야 한다고 생각한다. 그리고 일기를 쓰면서 내면을 회복하는 힘, 그 힘으로 버텨 낸 시간을 공유할 수 있어야 진정한 문학으로써의 힘을 발휘할 수 있을 것이다.

나는 지금이 좋다. 젊은 시절로 돌아가고 싶은 생각은 없다. 왜냐하면, 사는 게 아니 살아내는 것이 너무 힘들었기 때문일 것이다. 꿈에서도 어떻게 살아야 하는가에 대해 고민하던 시절이 있었다. 그런 시간 속에서 일기를 쓰며 미래를 그리고 후회하고 다짐하면서 성장한 것이 지금 이렇게 글을 쓰는 밑거름이 된 것 같다.

지금은 예전처럼 처량하리만큼 힘들게 일기를 쓰지는 않지만, 매일 휴대전화 일정표에 일상을 정리한다. 거창하지는 않지만 내 마음의 상태라든지 변화를 기록하며 지난 시간과 연계성을 따져보기도 하고 '작년에도 그랬는데 힘들지만 좀 참아'. 하며 나를 위로하는 시간을 가진다.

조금씩 삶의 연륜이라는 것이 생겨서일까? 내 고난의 깊이가 쌓여서일까? 사람을 대할 때 왜 그러지? 보다는 그럴 수도 있겠구나! 하는 마음의 여유를 가지게 된 것도 하루하루를 허투루 보내지 않고 고뇌하고 반성하는 시간 속에서 누군가에게는 사소한 것처럼 여겨질지라도 나에게는 일기를 쓰면서 일궈낸 가장 큰 소득이지 싶다.

나는 아직 나의 문학 세계를 잘 모르겠다. 다만 몇 사람이 될지는 모르겠지만, 내 글을 읽고 공감하는 사람이 있다는 것만으로도 내 삶이 헛되지는 않구나! 하는 생각으로 글을 쓴다.

누군가의 '당신도 그랬구나!' 하는 공감. 그 하나만으로도 글을 쓰는 힘은 생길 테니까.

먹고 사는 것이 팍팍하고 내일이 걱정되어 끼니도 거르며 살았던 지난 시간 속의 나에게 나는 말하고 싶다. 그래도 잘 참고 살았다고, 지금의 여유를 누릴 수 있는 것도 지난 시간을 버텨온 나의 소중한 시간 덕분이라고 말이다.

이제는 나도 나의 삶을 살아가고 싶다. 누구의 눈치도 보지 않고 내가 그리는 세계 속에서 나의 글을 쓰고 싶다. 지난 아픔이 밑거름되어 내가 보고 느낀 나의 문학 세계 속을 걷고 싶다. 내가 사는 삶이 극적이지는 않을지라도 평범한 일상을 걸으며 평범함 속에서 아옹다옹 살아가야 하는 그 길목에서 서로 마주하며 공감하는 글을 쓰고 싶다.

타인의 평가에 여전히 목마를 수도 있을 것이다. 하지만 나는 나를 잘 안다. 조금의 공감만으로도 나는 나의 글을 쓸 수 있다는 것을 말이다.

문학 작품을 읽는 독자는 작가의 삶이 작품 속에 녹아있다고 생각한다. 그 내용이 허구일지라도 그 허구 속으로 빨려 들어가 보기도 하고, 작품 속의 그 누군가가 나의 병든 마음의 상처에 연고를 발라주기라도 하듯 하룻밤 지나고 나면 또 오뚝이처럼 일어나 일상을 살아가는 힘을 얻었으면 싶다.

손에 잡히는 것은 아니지만 문학은 나의 정서적 영양분이었고 가끔은 종합병원이었다. 그래서 내가 문학으로 치유 받은 것처럼 그런 선한 영향력을 누군가에게 줄 수 있을지는 모르겠지만, 나는 지금 이렇게 글을 쓴다. 나의 글이 미흡하여 큰 반향을 일으키지 못하더라도 어느 한 문장이라도 누군가에게 가슴 속 심장을 움직이게 할 수 있다면 나는 그것으로 만족한다. 그리고 내 생각 하나하나가 개인의 생각에 머무르지 않고 인간의 마음을 토닥여줄 수 있었으면 싶은 바람으로 한자 한자 자판을 두들겨본다.